Les caprices du Budo

Bernard Grégoire, Shihan Bujinkan Québec
www.bujinkanquebec.com
© 2014
ISBN 978-2-9813137-6-8

Introduction	9
Vivre dans le présent – Ne pas demeurer prisonnier du passé	14
Sport de combat ou art martial ?	18
Un but à déterminer	22
Le guerrier et les arts martiaux	26
L'apprenti guerrier et le guerrier	29
Le guerrier	31
La peur	34
Persévérance et endurance	37
L'égo	40
Accepter de vieillir	43
L'entraînement au quotidien	45
Une compréhension schématisée	49
Premier triangle	51
Une compréhension schématisée	51
La technique	53
Le corps physique	56
La vitesse	60
Les trois facettes	62
Les mandalas tibétains	64
L'étudiant	66
Le professeur	70
L'exécutant	74
Le créateur	77
Un développement en harmonie	80
Deuxième triangle	83
Un niveau plus avancé	83
Le *feeling*	86
La précision	91
Le *timing*	95

Kaname	99
Exercice de base Nº 1	99
Exercice de base Nº 2	102
Tai jutsu 体術	107
Les éléments ou le combat par les émotions	110
La terre	113
L'eau	116
Le feu	120
Le vent	122
Le vide	123
La Stupa	125
Quel élément suis-je ?	127
Alignement des os	129
Les *shutos*	136
Troisième triangle	139
Spiritualité et connexion	140
Le contrôle du temps	143
Le contrôle de l'énergie	147
Sortir du moule	151
Le moderne et l'ancien	151
Le style est créé à l'image de qui ?	152
Comprendre les principes	154
Le temps de réaction	156
Exercice Nº 1	157
Exercice Nº 2	160
Exercice Nº 3	163
La distraction	164
Réagir à une clé de bras	167
Yang : Pourquoi le yang ?	171
L'occidentalisation des arts martiaux	174

Le touche à tout	178
Bien se positionner	180
Ne jamais rien tenir pour acquis	183
Les partenaires obligeants	186
Les angles	188
La distance	190
Le culte du maître	193
Redevenir un étudiant	195
La logique derrière la technique	197
Le condescendant	200
Se connecter au prochain mouvement de l'adversaire	202
L'instinct du tueur	204
La constance	206
Mes rencontres	208
On ne jette pas de perles aux pourceaux	209
Voir au-delà des apparences	211
Des rumeurs	213
Autour d'un café	215
L'enseignement d'un chamane	217
Des Japonais au Québec	219
Réinventer la roue	221
Stephen K Hayes	224
Shawn Havens	226
Un mentor extraordinaire	229
Des rencontres intéressantes	233
Mon ami Alain	235
Deux côtés d'une même pièce	236
Jack Hoban	236
Arnaud Cousergue	237
Deux facettes du *Bujinkan*	240

À la croisée des chemins 241
Des rencontres toutes simples 244
Une rencontre dans le train 244
Remerciements 246
Du même auteur 248

Introduction

Pourquoi un tel titre ? Parce que le *budo* possède ses sautes d'humeur. Parce qu'il ne se laisse pas amadouer et comprendre aussi aisément. Parce que pour fonctionner réellement, il exige de notre part une compréhension globale de son fonctionnement. Parce que le *budo*, ce n'est pas simplement de savoir donner ou bloquer un coup de poing ou de pied, c'est bien plus que ça ! Le *budo* est une chose étrange qui possède plusieurs facettes. Penser parvenir à le comprendre totalement est un objectif ambitieux pour la plupart des pratiquants. On réalise bien vite que lorsque l'on commence à maîtriser un de ses nombreux aspects, il se dévoile davantage, nous laissant ainsi entrevoir bon nombre de nouvelles facettes cachées insoupçonnées.

A-t-on besoin d'un nouveau livre technique sur les arts martiaux ? Je ne le pense pas. Avec Internet, nous avons accès à tout ce qui est nécessaire pour dénicher de l'information sur un kata ou sur une technique. On y trouve un nombre grandissant de vidéos de tous les styles d'arts martiaux. On y décortique et enseigne des techniques qui ont su demeurer secrètes durant plusieurs générations.

Réduire le budo à une simple chorégraphie, c'est rejeter des centaines d'années de recherches et d'expériences transmises par les vieux maîtres.

Alors pourquoi un nouveau livre sur la question ? Simplement pour le plaisir de partager des connaissances si durement acquises. Ce livre n'est pas un ouvrage sur les arts martiaux comme on en trouve généralement. C'est un outil de réflexion et de découverte de principes plutôt que d'un référencement de kata et de matériel codifié. Si c'est ce que vous recherchez, il y a une multitude de livres et de DVD où vous trouverez l'intégralité des techniques. Cependant, dans une vidéo, vous n'apprendrez pas la philosophie qui va de pair avec l'art martial. Vous n'y verrez probablement aucun sujet de réflexion puisque la technique est démontrée avec une rigueur mathématique. Mais réduire le *budo* à une simple chorégraphie, c'est rejeter des centaines d'années de recherches et d'expériences transmises par les vieux maîtres.

L'objectif de cet ouvrage peut sembler un peu naïf, soit d'aider l'art martialiste sérieux à voir au-delà de la technique. Il se veut un outil permettant de faire éclater certains paliers où l'on stagne parfois durant des mois avant de continuer à évoluer. Un autre objectif à ce livre est de nous amener à nous remettre continuellement en question et à ne pas prendre tout ce que l'on nous enseigne comme étant une vérité ultime... incluant ce livre. La plupart des arts martialistes ont une très grande estime de leurs capacités martiales. Ils détiennent le mystérieux pouvoir de casser une planche ou une brique. Ils peuvent faire reculer un lourd sac de frappes avec leurs redoutables coups de pieds. Leurs abdominaux bien bâtis ont la faculté d'encaisser de puissants impacts lors d'entraînement d'endurcissement. La rapidité incroyable que les bras et les jambes ont acquise leur permet de donner, en quelques secondes, un nombre étonnant de coups. La vitesse est tellement grande qu'on se sert de radar pour pouvoir l'évaluer.

Malgré cela, est-on pour autant, un bon art martialiste ? Les planches et les briques cassées dénotent certes la puissance du casseur. Mais, non seulement elles ne bougent pas et ne rendent pas les coups, mais elles sont en plus éloignées de la réalité du corps humain. Les briques et les planches utilisées lors de démonstrations de cassage contiennent entre 3 % à 4 % d'humidité, tandis que le corps humain est composé de 70 % à 90 % d'eau. Dans ce cas, est-ce qu'une frappe spécialisée dans la casse d'une brique s'applique au corps humain qui, de toute façon, va absorber une grande partie de l'impact en reculant ? Poser la question, n'est-ce pas y répondre ?

Le sac de frappes va se déplacer proportionnellement en fonction du poids de l'athlète. Pourtant, la plupart des vieux maîtres orientaux possédant une force de frappe incroyable sur un corps humain n'ont pas la corpulence voulue pour faire bouger le sac de façon significative. Cette cible n'offre pas la même texture et la même résistance que le corps humain. Alors que vaut la puissance de frappe dans un sac ? Illusion ou réalité ?

Un art martial pratiqué de façon saine doit permettre à ses adeptes de bien vieillir sans avoir à subir les conséquences d'un entraînement inapproprié.

Quelle impression de vigueur et de virilité se dégage de tout bon art martialiste qui peut encaisser de nombreux chocs à l'estomac, voire même aux parties, n'est-ce pas ? Curieusement, grand nombre de personnes qui s'entraînent à ces séances d'endurcissement ont tendance à développer certaines maladies des organes, justement situées sous ces zones d'impact. Il n'est pas rare que ces problèmes dégénèrent en tumeurs cancéreuses. Un art martial pratiqué de façon saine doit permettre à ses adeptes de bien vieillir sans avoir à subir les conséquences d'un entraînement inapproprié.

La vitesse est l'un des buts à atteindre pour la plupart des arts martialistes. En effet, beaucoup d'arts martiaux tirent en grande partie leur efficacité dans l'application de gestes rapides. Bloquer et frapper rapidement est une méthode qui peut conduire à la victoire en compétition et parfois même dans la rue. Malheureusement, l'art martialiste dont la technique est surtout orientée vers la vélocité se rendra compte, souvent trop tard, que sa vitesse diminue avec l'âge. Quoi de plus impressionnant que de voir nos jeunes athlètes faire un grand écart, preuve de grande souplesse. Quel karatéka n'a pas un jour rêvé d'y parvenir ? Quoi de mieux pour impressionner la galerie ? Il faut admettre que cela donne du style, mais est-ce réellement utile en situation de combat réel ? De plus, l'inconvénient est que cette souplesse n'est pas naturelle pour tout le monde. Chez beaucoup de pratiquants, elle amène une déformation du bas du dos. Tant que les abdominaux et les muscles dorsaux sont à leurs formes maximales, il n'y a pas de problème, la musculation compense la faiblesse de la colonne et les maux de dos n'apparaîtront pas immédiatement. On a l'habitude de se comparer aux Asiatiques. La pointe du fémur des Asiatiques est légèrement différente de celui des Occidentaux. Leur structure leur permet plus de souplesse. Pour cette raison, un Occidental qui se procure des pantalons au Japon les trouvera généralement trop serrés. Le japonais qui en achètera une paire en Amérique aura tendance à flotter dedans.

Ces entraînements se faisaient à une époque où l'espérance de vie se situait autour de trente-cinq ans.

Dans plusieurs vieux arts martiaux, on commençait à se fortifier les tibias en les cognant à l'aide de bambous, pour ensuite les frapper avec des objets plus résistants. Ceux qui s'adonnaient à ces formes d'endurcissement pouvaient générer une puissance incroyable avec leurs tibias. Malheureusement, après quelques années de ce traitement difficile et douloureux, les os perdent de leur résistance à un point tel qu'ils peuvent se briser sur de petits impacts. Traditionnellement, ce n'était pas vraiment important, car rendu à cet âge, le pratiquant avait pratiquement terminé sa vie. Ces entraînements se faisaient à une époque où l'espérance de vie se situait autour de trente-cinq ans. Or, qui serait prêt aujourd'hui à handicaper son corps pour les vingt-cinq ou trente dernières années de sa vie ? Beaucoup trop de gens ! Et ce, à une époque où l'espérance de vie dépasse soixante-dix ans dans beaucoup de pays... Donc, qu'est-ce qui peut nous permettre de nous classifier comme étant un bon art martialiste ? D'ailleurs, qui peut juger des critères et qui peut définir ce que devrait être un bon pratiquant d'art martial ? Bien que ce livre se veuille une réflexion sur les questions que tout exécutant sincère s'est un jour posées, il n'a cependant pas la prétention de détenir l'ultime vérité. Cet ouvrage n'est qu'un outil pouvant aider tous ceux et celles qui désirent se lancer dans la voie que nous ont léguée les vieux maîtres orientaux.

En résumé, ce livre n'est pas un mode d'emploi comme on en trouve tant. Il n'est qu'un simple outil qui a pour objectif d'ouvrir des pistes de réflexion et peut-être déboucher sur des discussions. Il est là pour nous permettre de réaliser jusqu'à quel point le *budo* peut se montrer capricieux. Beaucoup de chapitres auraient pu être présentés dans un ordre différent. Ce n'est pas l'ordre où ils sont exposés, mais ce qu'ils contiennent qui est important. Il y a de fortes chances que vous ne soyez pas toujours d'accord avec ce qui est écrit dans ce livre, car son but n'est pas de faire plaisir à votre égo ni au mien, mais de nous amener à une prise de conscience. Si vous n'êtes pas d'accord, c'est qu'il y a déjà une prise de conscience et j'aurai atteint mon objectif.

Vivre dans le présent – Ne pas demeurer prisonnier du passé

Michel Coquet cite dans son livre le *budo* ésotérique « *Les vieilles formes doivent être rejetées, sinon nous risquons d'être aveuglés par la lumière du futur.* » Les arts martiaux n'ont pas changé, l'homme lui oui. L'être humain a évolué, négativement ou positivement, il ne nous appartient pas d'en juger, mais il a évolué. Les conditions de vie moderne ont modifié notre façon d'aborder cet art. Elle est loin l'époque où les adeptes pouvaient s'entraîner plusieurs heures par jour, sept jours par semaine. Le monde actuel ne permet plus de nous engager aussi intensément qu'autrefois. Dans beaucoup de milieux, aller travailler avec un œil poché ou un nez cassé peut faire mauvaise impression. D'un autre côté, nous avons tellement à apprendre des vieux maîtres que nous ne pouvons renier le passé. Il faut apprendre à faire le pont entre ces deux mondes.

Le professeur doit aider davantage l'étudiant dans sa progression.

Pour cette raison, entre autres, les arts martialistes ont plus que jamais besoin d'enseignants capables de les guider non seulement sur le chemin physique, mais également sur le plan moral, énergétique et spirituel. Dans les temps anciens, les pratiquants d'arts martiaux devaient s'exercer longtemps dans l'attente d'un *satori* ou d'une illumination qui ne venait pas toujours. De nos jours, compte tenu du manque de temps, le professeur doit aider davantage l'étudiant dans sa progression. Le disciple, qui par le passé devait arriver à comprendre par lui-même les différents niveaux d'une technique, a aujourd'hui besoin d'être mieux encadré par son professeur.

L'instructeur ne doit pas faire le travail à sa place, mais il doit le guider sur un chemin plus précis afin de lui permettre de s'améliorer. Pour beaucoup d'adeptes, cette nouvelle voie est trop rapide, ils se sentent dépassés et cela risque de les amener à abandonner les arts martiaux ou alors ils risquent de rester toute leur vie dans des arts où prédomine l'aspect sportif et superficiel du *budo*. Beaucoup d'étudiants n'atteindront jamais la compréhension réelle des arts martiaux, en raison d'un manque évident de professeur ayant reçu une formation suffisante pour les conduire sur ce sentier. Attention, il n'est pas question ici de degrés ou de *dan*. Il faut savoir différencier compétences martiales et degrés.

Le renouveau naît du passé. À l'ère des communications et des échanges internationaux, un nombre incroyable d'arts martiaux resurgissent du passé de plusieurs pays détenteurs d'anciennes traditions guerrières. Cela signifie de nouveaux styles, de nouvelles techniques et de nouveaux concepts, qui viennent nous aider à comprendre ce que souvent nous possédions sans jamais l'avoir vraiment réalisé. Telle école utilise les frappes en vibrations, une autre se spécialise sur les points de pressions, etc. Il existe une diversité incroyable de techniques au sein des diverses écoles.

La plupart des arts martiaux ayant des sources assez communes, on retrouve fréquemment dans notre propre style, cachés au sein des katas, ces mêmes techniques qui sont enseignés publiquement dans l'une de ces vieilles écoles remises à la mode. Ces nouvelles acquisitions ont toujours été là sous nos yeux, sans qu'on les remarque, prisonnière de l'habitude. Notre ouverture d'esprit aux techniques du présent nous permet de comprendre l'héritage du passé. Nos ancêtres n'avaient pas la chance de cet élément de comparaison, les enseignements étaient gardés le plus souvent secrets au sein de chaque *ryu*, de chaque pays.

Le pratiquant doit donc aider son professeur en effectuant une recherche personnelle, en ouvrant son esprit à tous les autres arts martiaux sans ségrégation et préjugé d'aucune sorte. Il doit prendre conscience que la technique qu'il trouvait simpliste et désuète il a deux ans, renferme peut-être un principe qui se révélera maintenant à lui. Je l'ai fait durant des années et plusieurs de mes étudiants le font également. S'entraîner avec des personnes qui pratiquent divers styles d'arts martiaux. Certains le font au travail, d'autres se regroupent à l'occasion pour échanger des techniques. Plus il y a d'ouverture d'esprit et meilleures sont vos chances de comprendre votre propre art martial.

Cet ouvrage a pour but d'amener les arts martialistes à réfléchir sur ce qu'ils maîtrisent déjà et à réaliser que la plus grande partie des connaissances importantes se situe souvent dans les choses que l'on ignore. L'être humain a généralement tendance à choisir la voie de la facilité. La plupart des gens choisiront un art martial où ils pourront performer. Un art martial où il sera facile pour eux de bien paraître, un art qu'ils comprendront sans trop de difficulté. Les plus athlétiques se dirigeront probablement vers les sports de combat ou les styles acrobatiques. Les plus lents ou les moins agiles rechercheront des styles qui sont économes en termes de mouvements.

Vous remarquerez très vite que plusieurs sujets traités dans ce livre sont souvent méconnus, voir inconnus de beaucoup d'art martialistes. En effet, un art martial ne se limite pas à donner des coups et à en recevoir. Si ce n'était que cela, on en verrait la fin trop rapidement et les arts martiaux perdraient ainsi tout intérêt, ne devenant qu'une simple collection de techniques d'autodéfense.

Le *budo* c'est la vie. Vous trouverez quelques parallèles tout au long de ce livre sur la façon dont on peut imbriquer les principes martiaux dans notre vie quotidienne. Le *budo* est quelque chose de naturel, aussi naturel que la vie elle-même. Les stratégies et les principes de combat peuvent souvent s'appliquer dans notre vie de tous les jours. L'interaction continuelle que nous avons avec les autres personnes fait de notre vie un combat perpétuel où s'alterne des périodes de paix totales, de simples accalmies et de tensions. Le *budo* est un outil extraordinaire pour affronter cette réalité. Le *budo* est *sanshin*. Il travaille autant sur notre corps physique, que sur notre intellect et nos émotions.

Dans les arts martiaux plus traditionnels,
chaque geste a sa raison d'être.

Paradoxalement, même si l'on ne doit pas demeurer prisonnier du passé, il ne faut pas renier les origines de nos arts martiaux. Au contraire, il faut les étudier et aller y puiser tout ce qui peut nous aider à évoluer. On ne doit pas oublier que plusieurs de ces arts ont traversé les époques féodales où les techniques retransmises de génération en génération ont permis à ces pratiquants de survivre sur les champs de bataille. Connaître son passé sans en demeurer prisonnier est probablement l'un des meilleurs gages de réussite dans les arts martiaux, car on peut apprendre du passé. Nos arts martiaux actuels découlent d'un passé trouble. Dans les arts martiaux plus traditionnels, chaque geste a sa raison d'être.

On n'a qu'à regarder la posture en *komi uchi*. Dans cette posture, on agrippe notre partenaire au collet de notre main droite et on saisit son bras droit de notre main gauche. Cette posture n'est pas due au hasard. Elle découle directement du passé, elle vient de l'époque des samouraïs. Notre main droite saisit la courroie qui retient le plastron protégeant le torse du samouraï, nous assurant ainsi d'une emprise solide pour contrôler son corps. De notre main gauche, on l'empêche de dégainer son sabre. En puisant dans les connaissances historiques, on comprend mieux la raison d'être de cette posture si utilisé dans beaucoup d'arts martiaux.

Dans les vieux styles, chaque posture a sa raison d'être et d'exister. On peut pratiquer toute notre vie un art martial sans comprendre le pourquoi de ces *kamaes*. Mais comprendre pourquoi les vieux maîtres nous ont légué ces postures nous permet d'être plus efficaces et de mieux saisir la voie du *budo*.

Sport de combat ou art martial ?

Le mot *budo* peut se traduire par « la voie pour arrêter le conflit ». Le *budo* n'est pas né pour le plaisir du combat, mais pour les besoins de survivre dans un monde de plus en plus complexe. Composé du *kanji* militaire et de celui de la voie, ce mot sous-entend que le but ultime de ces arts martiaux traditionnels est de mener à la voie et non de conduire à la première place du podium. Mais de nos jours, dans un monde où beaucoup d'argent découle de cette option, les sports de combat occupent une place de plus en plus grande. Celui qui choisit la voie sportive n'en pratique pas moins un art de défense. Son efficacité en combat réelle pourra cependant varier grandement selon le mode d'entraînement et les buts visés. Dans les arts martiaux, on peut échelonner cette efficacité sur une échelle qui va du combat corps à corps nécessaire aux besoins militaires jusqu'à la compétition sportive légère qui protège ses participants de toute égratignure.

L'aspect militaire est vaste. Chaque pays développe son style particulier souvent en fonction du tempérament de ses hommes. Mais, peu importe les moyens, les buts sont les mêmes, assurer la survie des soldats. On peut y apprendre la défense contre un ou plusieurs adversaires ou l'élimination de sentinelles, travail qui doit se faire rapidement et le plus souvent en silence. Il ne faut jamais oublier que la plupart des formations militaires sont faites pour former une plus grande masse de gens dans un court laps de temps. Dans de telles circonstances, un pourcentage de perte est acceptable.

Le but n'est pas d'amener des gens à pratiquer l'autodéfense toute leur vie, mais de les former rapidement en cas de confrontation physique. Dans ces circonstances, la plupart des styles militaires remplissent leur rôle à merveille. Des techniques simples, efficaces, qui peuvent s'enseigner rapidement. Des méthodes qui n'exigent pas nécessairement une compréhension du *budo*. Le but est simplement de pouvoir sortir vainqueur d'un échange de coups frappés, d'attaques aux armes blanches ou d'apprendre à se défendre contre quelques adversaires.

De plus, lorsqu'on parle d'arts martiaux à des fins militaires, on doit tenir compte de différents facteurs lors de la formation. Le contexte économique est un dénominateur puissant au sein de n'importe quelle armée. Une partie du budget seulement passe pour la formation. Dans cette formation, une petite partie sera consacrée au combat corps à corps. L'objectif est de trouver une méthode afin de former le plus grand nombre possible de personnes dans un laps de temps très court. Un pourcentage de perte d'environ 10% est jugé acceptable par la plupart des corps militaires. En tenant compte de ces contraintes administratives, on peut dire que les gens qui donnent ces formations font des merveilles avec trop peu de moyens et surtout trop peu de temps. Nous sommes loin des combats au corps à corps, où la baïonnette trouvait une place de choix. Le militaire moderne doit davantage être formé à la technologie qu'au combat corps à corps. Les guerres modernes se font à distance. Il est rare qu'un ennemi se retrouve à moins de deux mètres de distance.

Si l'on ne s'exerce pas aux arts martiaux à des fins militaires, on peut s'y adonner pour différentes raisons. Après les sports de combat, l'une des plus importantes est sans aucun doute la survie urbaine. La sécurité dans les grandes villes devient de plus en plus difficile à assurer. Les blessures par armes blanches sont monnaie courante. Les attaques au coin des rues sont maintenant des faits divers dans les pages secondaires des journaux. Si les faits sont banalisés, il n'en demeure pas moins qu'il est important pour ceux qui y sont impliqués, de subsister sans séquelle à ce nouveau modèle de guerre. On entend parler de plus en plus souvent d'individus qui s'introduisent dans les maisons lorsque les propriétaires y sont. Certains de ces voyous vont battre les gens afin de tenter de leurs faire avouer qu'ils ont de l'argent de cacher quelque part dans la résidence.

Le budo est un outil, on doit apprendre à contrôler cet outil au même titre qu'une arme à feu.

De nombreux styles d'arts martiaux offrent une formation efficace permettant de survivre sans trop de dommage dans de nombreuses situations. Les techniques enseignées doivent cependant s'ajuster aux réalités légales en cours dans le pays. Casser le nez d'une personne qui n'a fait que nous pousser légèrement est inacceptable dans la plupart des législations civiles. J'ai rencontré à quelques reprises des individus qui se vantaient d'être des machines de guerre. Ces personnes disaient qu'il était dangereux de leur faire une blague comme une forte tape sur l'épaule. Apparemment, leurs réflexes étaient tellement au point qu'elles pouvaient répondre par une attaque violente sans même avoir le temps d'analyser la situation. Si votre art martial vous amène à développer ce type de réflexe, peut-être serait-il temps pour vous de faire une petite introspection et de changer d'art martial ? Cet exemple peut sembler exagéré, mais il est malheureusement réel. Le *budo* est un outil, on doit apprendre à contrôler cet outil au même titre qu'une arme à feu. Un pistolet ne tue pas par lui-même, tout repose sur celui qui l'a en main. Il en va de même pour les arts martiaux. Trop de gens essaient de se bâtir une réputation sur la bande de tissu noir qu'ils portent à la taille. Si cela paraît sur votre visage que vous êtes une ceinture noire, il y a probablement quelque chose que vous n'avez pas compris.

Que ce soit à des fins militaires ou pour la survie urbaine, ce ne sont pas tous les modes d'entraînements qui pourront donner la victoire à ceux qui sont impliqués. Les modes d'entraînements orientés vers la compétition sportive sont malheureusement les plus défavorisés. La compétition sportive est une bonne activité. Elle développe chez les participants de bons réflexes, une bonne vitesse, une obligation de s'entraîner qui ne laisse pas beaucoup de place à la paresse. Tout ça, c'est bien, mais cela se situe au niveau du premier triangle, concept que nous verrons plus loin. La compétition a aussi sa contrepartie négative. Elle ne tient plus compte de la réalité de la défense. En contact léger, elle créée l'automatisme d'arrêter les coups afin de ne pas blesser l'adversaire. Elle emprunte du temps d'entraînement sur le temps consacré à la compréhension réelle des arts martiaux. Elle donne l'illusion d'une efficacité et d'une puissance que ne possède pas réellement l'art martialiste sportif. Beaucoup de pratiquants considèrent que le cours d'art martial qu'ils ont eu la veille était excellent, car ils se sont levés courbaturés au matin. Ils oublient que ce n'est probablement que parce que le nombre de pompes ou l'entraînement physique a été plus difficile qu'à l'habitude.

Un but à déterminer

L'étudiant qui s'engage sur la voie sportive devrait être informé par ses professeurs de toute l'implication martiale, physique et psychologique que cette voie amène. Est-ce qu'il fait de la compétition parce que ça l'attire ou car il n'a pas le choix pour passer ses ceintures ? Il en fait pour lui-même ou pour faire plaisir à ses professeurs, ses amis ou encore, sa famille ?

Beaucoup d'écoles d'arts martiaux organisent des compétitions dans un mauvais but, celui d'un moyen rapide de faire beaucoup d'argent, qui dans bien des cas, n'apparaitra jamais nulle part dans les livres de comptes. Heureusement, ce n'est pas la façon de faire de tout le monde. Certains organisent les compétitions avec la sincérité de donner un défi à leurs étudiants. De les amener à se dépasser et à se valoriser.

Quels sont les avantages de la compétition ? Pour beaucoup de participants, c'est d'apprendre à perdre. L'apprentissage de la vie se fait par nos expériences qu'elles soient positives ou négatives. Apprendre à affronter et à surmonter un échec n'est pas facile. Conséquemment, dans cette optique, la compétition peut amener l'étudiant à développer sa persévérance.

> *Le combattant sportif réalise généralement trop tard que la défense de la rue ne se fait pas selon les règles de l'aire de combat.*

La compétition est un stimulus merveilleux, ayant cependant trop souvent des répercussions négatives sur l'égo. Malheureusement, peu de gagnants sortent intacts de cette confrontation avec leur orgueil. Des victoires successives les amènent à surestimer leurs capacités, ce qui est souvent fatal dans une confrontation réelle. Le combattant sportif réalise généralement trop tard que la défense de la rue ne se fait pas selon les règles de l'aire de combat. Son adversaire n'est pas régulier, il ne se gêne pas pour utiliser des attaques sournoises, pour utiliser tous les objets pouvant lui apporter la victoire.

Dans la rue, l'adversaire ne vous laisse pas le temps de vous échauffer et de vous étirer. Si chaque technique que vous avez apprise nécessite une mise en forme avant d'être utilisée, vous avez un problème. Un bon art martialiste doit pouvoir performer sans se blesser lorsqu'il se défend.

Un des points marquants de la défaite de plusieurs ceintures noires dans la rue est leur incapacité à faire du mal à leur adversaire. Ils ont l'impression que leurs frappes n'ont aucune puissance, que leurs adversaires ont une capacité d'encaisser supérieure au commun des mortels. La compétition sportive créée chez ses participants l'automatisme d'arrêter les coups. L'habitude du contrôle des distances est devenue un réflexe conditionné ou le corps réagit indépendamment de la volonté.

Les points en compétition sont la plupart du temps comptés si le poing touche la cible, même si l'angle adéquat et l'alignement des os sont absents. En combat de rue, l'art martialiste sportif aura tendance à garder le même automatisme de toucher à l'adversaire sans cependant avoir la mécanique suffisante pour créer de réels dommages. Il frappe l'adversaire avec très peu puissance, comparativement à ce qu'il pourrait donner si son entraînement était orienté un peu plus vers la rue. Dans la rue, il doit se faire à l'idée qu'il peut se faire mal en frappant son adversaire. Il n'y a pas de gants de protection. Les coups qu'il recevra seront également très douloureux.

L'art martialiste sportif trouve normal de donner un coup de pied au visage à son adversaire. Traditionnellement, les coups de pieds ne dépassaient jamais la hauteur du plexus. Plus haut, c'est s'exposer à offrir ses parties à l'adversaire et à se retrouver en situation de déséquilibre. Les coups de pieds en dojo se font sur un sol régulier, sans obstacle, il n'en est pas de même dans la rue, où un simple petit caillou ou une fissure dans le béton peuvent nous faire perdre un combat et les conséquences peuvent se révéler plus douloureuses qu'en compétition. Il ne faut pas oublier également qu'une paire de jeans et un pantalon de kimono n'offre pas le même confort lorsque vient le temps de lever une jambe.

Apprendre à s'adapter est nécessaire si l'on veut faire face à tout type d'attaque.

Il est donc important pour le pratiquant de réaliser que son efficacité sportive n'est pas un gage de sécurité totale dans la rue. De plus en plus de combats se terminent par l'utilisation d'une arme blanche. Il faut être de plus en plus entraîné à passer d'un combat à main nue à un combat où la connaissance de techniques de défense contre arme est indispensable. Apprendre à s'adapter est nécessaire si l'on veut faire face à tout type d'attaque. Le *budo* traditionnel n'était pas quelque chose de rigide, mais de flexible, permettant à ceux qui le pratiquaient de s'adapter à des situations qu'ils ne connaissaient pas.

Les combats de compétitions ne tiennent pas toujours compte de la réalité du coup frappé pour obtenir le point vainqueur. Trop souvent, les points obtenus le sont lorsque le corps de l'attaquant est en complète situation de déséquilibre. L'attaquant est penché vers l'arrière pour esquiver l'attaque de son adversaire, lance son bras vers les côtes de ce dernier, réussissant ainsi à l'effleurer pour finalement obtenir le point victorieux. Les juges arrêtent alors le combat afin de vérifier le bien-fondé du coup frappé. Un, deux et trois, le point est accordé.

La réalité est tout autre. Dans un combat réel, ce coup n'aurait probablement eu aucune répercussion dans l'issu du combat. L'alignement des os inexistant, l'impossibilité de donner une puissance de frappe suffisante dans cette position, ne pourrait d'aucune façon affecter la respiration de l'agresseur. Au contraire, l'habitude de frapper en position d'un tel déséquilibre ne peut que laisser place à des ouvertures pour l'assaillant.

Il est important de comprendre que dans un art martial sportif, les conditionnements dangereux ont été enlevés pour éviter les accidents lors des rencontres. Dans un art où la survie est le but ultime, il est tout à fait naturel de frapper l'adversaire aux yeux du bout des doigts. En compétition, il faut absolument priver les participants de ces automatismes. Pour mes étudiants qui travaillent dans le domaine de la sécurité et qui risquent leur vie régulièrement, briser un genou fait partie de la réalité des techniques à utiliser lorsque la situation l'exige. Laisser participer des gens à un évènement sportif avec de telles habitudes serait criminel. À partir de cette épuration nécessaire, il est facile de comprendre qu'il y a une énorme différence entre le *budo* traditionnel et les sports de combat.

Lorsqu'on choisit un art martial, il faut prendre le temps de bien cerner nos besoins.

C'est en toute conscience et en connaissant ces faits que l'étudiant doit choisir son art martial. Il doit comprendre les différences qu'offrent ces deux voies. À partir du moment où il connaît les différences, il n'y a pas de mauvais choix. Lorsqu'on choisit un art martial, il faut prendre le temps de bien cerner nos besoins. Il faut poser le plus de questions possible aux professeurs lorsque l'on va faire un essai. S'il ne prend pas le temps de répondre aux questions à ce moment, il y a peu de chance qu'il prenne le temps d'y répondre plus tard. Il n'y a pas de mauvais art martial (du moins dans les styles traditionnels). Il y a des arts martiaux qui correspondent à différents besoins. Chaque personne est différente, il faut trouver l'art martial qui convient le mieux à notre personnalité et à notre style de vie.

Le guerrier et les arts martiaux

De nos jours, on peut distinguer trois catégories d'arts martiaux. Il y a d'abord les sports de combat, dont le but ultime est d'obtenir le trophée et/ou la bourse qui sont rattachés à la compétition. Naturellement, la fierté va de pair avec une telle récompense, sinon pourquoi s'entraîner ? Cette facette du *budo* moderne est probablement la plus populaire. On n'a qu'à regarder le nombre croissant de compétitions qui s'offre à nous. Quoi de plus motivant pour un jeune que de rentrer chez lui avec une médaille ou un trophée. La compétition est un excellent outil pour aider les jeunes à retrouver une bonne estime de soi. Dans cette catégorie, l'entraînement physique joue un rôle important. L'étudiant doit s'attendre à passer de vingt à trente pour cent de son temps d'entraînement en conditionnement physique. Pour beaucoup de pratiquants, revenir courbaturé d'un cours est synonyme que la formation a été bonne et bénéfique. Ce n'est pas l'art martial qui a engendré ces douleurs, mais le grand nombre de pompes, de redressements et d'étirement qui a fait en sorte que les muscles se retrouvent endoloris. La grande majorité des pratiquants d'arts martiaux confondent efficacité martiale et conditionnement physique. On ne doit pas oublier qu'un champion olympique aura perdu un grand pourcentage de sa forme physique s'il demeure un mois sans s'entraîner. Par contre, les techniques qu'il aura acquises par la répétition et l'entraînement continu seront présentes et utilisables en tout temps.

La deuxième catégorie comprend les arts martiaux en « *Do* », tels que l'Aïkido, le Karaté-do, le Kendo, etc., des arts dont l'objectif principal n'est pas la compétition. Le *Do*, en Japonais, symbolise la voie. Ces arts martiaux ont un noble but : le cheminement spirituel de celui qui le pratique. L'art martial devient un outil de réflexion et d'introspection. Les créateurs de ces arts martiaux ont généralement pris soin de supprimer tout ce qui est dangereux, tant pour le pratiquant que pour l'agresseur. L'autodéfense n'étant pas le but ultime de cette pratique, tout doit être fait pour minimiser les risques d'accident. Généralement, dans ces arts martiaux, on mettra beaucoup d'emphase sur l'étiquette et les protocoles, le but étant de former le caractère autant que le corps. Le langage gestuel est important, chaque mouvement relève d'un rituel précis qui amène le pratiquant dans un état d'esprit particulier. C'est une formation où on y apprend le respect et l'humilité. Ces arts martiaux développent la conscience de soi, de son corps et de ses émotions. Ils enseignent un mode de vie saine. Très empathiques, ces arts martiaux enseignent le respect de la vie et du partenaire. Le pratiquant apprend à prendre soin de son adversaire et à le respecter, car il est conscient qu'il l'aide dans son cheminement. Il y apprend à canaliser positivement ses énergies et généralement, les pratiquants de ces arts sont ceux qui se démarquent par le calme qu'ils affichent.

Lorsque l'on s'entraîne dans un bugeï, on prend rapidement conscience de la fragilité du corps humain.

Moins connue, la troisième catégorie regroupe ce que l'on appelle les *bugeï*. Un art martialiste qui pratique un *bugeï* s'entraîne pour des combats en situation réelle. Il est prêt à survivre dans une guerre civile ou à des attaques réelles. Cela n'enlève rien à l'aspect spirituel de l'art martial. C'est simplement que le but premier est la survie. La douleur et les bleus font partie de la réalité d'entraînement de ces arts martiaux. Attention cependant de ne pas confondre douleur et séquelles. Beaucoup d'arts martiaux laissent des séquelles sans cependant créer de douleur. Lorsque l'on s'entraîne dans un *bugeï*, on prend rapidement conscience de la fragilité du corps humain. À partir de là, on devient conscient des gestes qui peuvent blesser.

Dans un *bugeï*, il n'y a pas de règles pour survivre. Si le seul moyen pour ne pas être tué ou blessé est de crever l'œil d'un adversaire, il n'y a pas à hésiter. Ça peut sembler barbare à première vue, mais le but est de se protéger et de veiller à la sécurité de sa famille. On y apprend l'autodéfense, mais également comment protéger ceux qui nous sont chers. Ceux qui étudient dans cette catégorie ont généralement une âme de protecteur. On doit prendre les moyens nécessaires pour survivre. Je dis souvent à mes étudiants en sécurité que mieux vaut avoir douze jurés que six porteurs. Ce n'est pas lorsque vous serez deux mètres sous terre qu'il sera temps de prendre les moyens nécessaires pour survivre. Lorsque l'on choisit la voie d'un *bugeï*, le choix du professeur devient important. Il faut qu'il soit parfaitement équilibré. Comme l'a dit un jour un personnage célèbre : « la force est puissante du côté obscur ».

L'apprenti guerrier et le guerrier

Dans les temps anciens, l'art de la guerre passait par l'apprentissage du *budo*. Devenir un guerrier était une voie difficile et longue. Lorsque l'on a décidé de délaisser l'aspect sportif des arts martiaux et de consacrer ses énergies à la recherche et à la compréhension du *budo* traditionnel alors, consciemment ou inconsciemment, on prend le chemin de l'apprenti guerrier.

L'apprenti guerrier choisit son art martial sans vraiment se poser de questions. Inconsciemment, il sait de façon naturelle que cet art a des choses à lui apprendre. Il sait intuitivement qu'il ne finira peut-être pas sa vie dans l'étude de cet art, mais qu'il est venu simplement chercher de nouvelles pièces à son puzzle. Tant que cet art martial continuera de le faire évoluer, il y restera. Il apprend rapidement à laisser son orgueil et son égo de côté, et à délaisser sa vanité, qui sont autant d'obstacles qui le ralentiront sur la route de la connaissance.

> *Il fera face à ses premiers paliers de stagnation, ces étapes où l'on a l'impression que l'on ne s'améliore plus, qu'on n'est plus capable d'évoluer et de progresser.*

L'apprenti guerrier apprendra d'abord la base. Il devra travailler son corps de façon à le rendre plus efficace. Il prendra conscience de l'importance d'une respiration adéquate. Il apprendra à maîtriser ses émotions et à canaliser son énergie au maximum. À ce stade, il étudiera les techniques de base inhérentes à son style. Il apprendra également à ne pas critiquer les autres styles. Son mental et son moral seront éprouvés par des entraînements longs et répétitifs, qui lui feront connaître des périodes de découragement. Il fera face à ses premiers paliers de stagnation, ces étapes où l'on a l'impression que l'on ne s'améliore plus, qu'on n'est plus capable d'évoluer et de progresser. S'il est fait pour suivre le chemin du guerrier, le vrai pratiquant persévérera et pourra dépasser ces paliers où il a l'impression d'être plafonné. Il devra apprendre à unir son corps, son esprit et sa respiration. À ce stade, il n'apprend pas que les arts martiaux, il apprend la détermination.

Il apprendra les vraies motivations du guerrier : devenir un être de non-violence, un être équilibré qui se connaîtra au maximum afin d'atteindre son plein potentiel. Il développera la volonté qui l'aidera à continuer malgré les obstacles. Il apprendra le contrôle de lui-même à travers la technique et à s'ouvrir afin de laisser passer en lui l'enseignement de ses professeurs. Il développera le respect de lui-même ainsi que des gens qui l'entourent. Il apprendra finalement à être libre, à rester librement dans l'art choisi non parce que son professeur lui aura mis des œillères, mais bien parce qu'il peut voir tout le contexte et est libre de choisir.

Après quelques années, l'apprenti guerrier devra également soutenir une recherche, une démarche personnelle en dehors des cours. Il devra chercher à se connaître afin de pouvoir enfin accéder au chemin qui pourra le conduire sur la voie du guerrier. Son travail en est un de préparation. Il peut prendre des années. À cette étape, il apprend à marcher, à se tenir debout correctement. Il s'initie aux techniques un peu plus complexes et commence à voir les principes qui se cachent au sein des techniques codifiés.

Que cela fasse dix, trente ou quarante ans, beaucoup de pratiquants demeureront toute leur vie à cette étape de l'apprenti guerrier.

Le guerrier

Avant de choisir un art martial, il est important de déterminer si l'on a pour objectif de le pratiquer pour le sport, le loisir, la compétition, l'autodéfense ou dans le but de rechercher ce qui est caché au plus profond de soi. Pour ceux qui ont choisi la dernière catégorie, il existe une voie difficile, qui demande patience et endurance : la voie du guerrier.

Plusieurs livres ont été écrits sur le sujet. Différentes facettes ont été explorées. Qu'est-ce qui diffère l'art martialiste sportif du véritable guerrier ? Quels sont les critères pour devenir guerrier ? Attention ici de ne pas confondre soldats et guerriers. Un soldat n'est pas nécessairement un guerrier et un guerrier n'est pas nécessairement un soldat. Ça peut être votre voisine, votre médecin ou l'homme d'affaires qui gère la petite entreprise au coin de la rue.

Plusieurs sportifs recherchent les honneurs, les trophées, tout ce qui leur donne du prestige face aux gens. Ils apprécient les compliments qu'on leur fait. Le guerrier, pour sa part, reste discret, sans nécessairement rechercher l'anonymat à tout prix. Il ne recherche pas la publicité, car il a dépassé le stade où l'on ressent le besoin de prouver quoi que ce soit. Ceux qui ont eu la chance de rencontrer de vrais maîtres savent combien il est souvent difficile de leur faire exécuter une démonstration si elle n'est que dans un but d'exhibition pouvant flatter leur égo.

> ***Les soldats sous les ordres de ces officiers se seraient fait tuer pour eux.***

La plupart des soldats ne sont pas des guerriers. Une bonne partie d'entre eux ne font qu'apprendre ce qu'on leur enseigne sans se poser de question. Le militaire qui essaie d'accéder à un grade supérieur dans le simple but de se faire respecter ou de flatter son égo n'est pas un guerrier. J'ai eu la chance de côtoyer plusieurs officiers militaires que je considère comme des guerriers. Les soldats sous les ordres de ces officiers se seraient fait tuer pour eux. L'inverse est aussi vrai. Ces gens attirent le respect sans avoir à l'imposer par le grade qu'ils affichent. Le guerrier cherchera à atteindre certains grades, non dans le but d'épater les autres, mais bien dans un but idéaliste où il pourra faire valoir ses idées afin d'aider et d'améliorer l'efficacité de son armée. Un guerrier est quelqu'un qui sait se fixer un but. Combien de gens peuvent dire qu'ils vivent en fonction d'un but ?

Il existe une multitude de chemins pour accéder au titre de guerrier. Il n'est pas nécessaire de faire des arts martiaux pour développer son esprit guerrier. On n'a qu'à penser à plusieurs hommes d'affaires partis de rien et qui ont construit des empires. Ils ont eu le courage de foncer, de créer, de vaincre les doutes et les découragements que tout guerrier trouve tôt ou tard sur son chemin. Ils ont su atteindre le but qu'ils s'étaient fixé, ils ont su diriger leur destinée, et ce, malgré les lourds échecs qu'ils ont eu à affronter. Ils ont appris à se relever et à faire face à l'adversité. Ils ne se sont pas contentés de se laisser dicter leurs vies par les événements, ils se sont pris en mains et ont lutté pour atteindre leurs objectifs. Combien de gens sont morts sans avoir su diriger quoi que ce soit dans leur vie, sans avoir évolué de quelques façons que ce soit durant leur passage dans ce monde ? Hatsumi sensei a dit un jour que beaucoup de gens sont morts, mais qu'ils ne le savent pas encore.

Le vrai guerrier sait qu'il apprendra toute sa vie et que souvent l'enseignement lui parviendra par des chemins parfois inusités.

Dans les arts martiaux, le but du guerrier ne sera pas de collectionner les ceintures. Il ne calculera pas son efficacité en quantité de connaissances accumulées, mais bien en fonction de la qualité et de la compréhension de ces connaissances. Le guerrier est attentif, il est autodiscipliné. Il comprend que tout ce qu'il fait ou apprend est en relation directe avec son être profond. Le guerrier est un individu à l'esprit ouvert, il n'hésitera pas à accepter les connaissances de quelqu'un d'autre, même s'il s'agit d'un débutant dans un art autre que le sien, car il sait qu'il peut apprendre de tous et partout. Si on lui enseigne quelque chose de différent, il ne jugera pas, il fera un tri judicieux et retiendra tout ce qui pourra lui être utile à court et long terme. Il a également compris qu'il ne détient pas le monopole exclusif de la vérité, donc il sera toujours à l'écoute. S'il est ceinture noire, il trouvera toujours plaisir à s'entraîner, même avec une ceinture blanche. Le vrai guerrier sait qu'il apprendra toute sa vie et que souvent l'enseignement lui parviendra par des chemins parfois inusités. Il apprend à voir l'enseignement là où il se trouve, même dans les faits les plus insignifiants.

Le guerrier est un art martialiste qui pratique 24 h par jour. Il apprend continuellement, même à travers les choses ou les événements qui paraissent simples et désuets aux yeux des profanes. Ouvre-t-il simplement une porte ou il le fera avec un contrôle de son *hara* sans subir aucun déséquilibre ? Conduit-il sa voiture ou se place-t-il dans un état d'esprit qui le mettra en connexion avec tout ce qui l'entoure et l'amènera, en cas de nécessité, à un temps de réaction de loin supérieur à ce qu'une garde constante et fatigante apporterait ? Il apprend continuellement et est capable d'appliquer ses connaissances à son quotidien. Par son apprentissage martial, il apprend à se connaître, il apprend à vivre en harmonie avec tout ce qui l'entoure. Son sens guerrier se voit sur tout ce qu'il touche, de la manière qu'il poursuit ses études jusqu'à l'énergie qu'il peut mettre dans des choses aussi humbles que faire du ménage. Il cultive ce que l'on nomme l'intelligence du cœur.

L'art martialiste qui possède un esprit guerrier réfléchira avant d'accepter une confrontation. Il s'assurera d'avoir d'autres options avant d'en arriver au combat. Il ne se laissera manipuler par son égo si quelqu'un tente de le provoquer. Sa conduite sera davantage dictée par son intellect que par ses émotions.

Un petit mot japonais illustre bien la qualité première du guerrier. C'est *ishiki*, la conscience.

La peur

L'art martialiste qui choisit la voie guerrière doit affronter plusieurs obstacles sur le chemin de sa quête. Le premier obstacle est indubitablement sa peur. Que ce soit la honte d'avouer ses propres peurs, la peur des blessures, la peur de ce qui pourrait résulter d'une comparaison avec les autres, la peur de mal comprendre, la peur de réaliser que ce qu'il apprend depuis des années n'est pas nécessairement valable à cent pour cent, la peur de ne pas être à la hauteur, la peur de rechercher la connaissance ailleurs que dans son propre style ou encore la peur de ce que les gens peuvent penser de lui. Combien de gens n'ont jamais mis sur pied l'entreprise dont ils ont toujours rêvé, par peur d'échouer ? Seul celui qui ne fait rien ne connaît pas l'échec. Un gagnant a perdu plus souvent qu'un perdant, il s'est relevé à chaque échec subi afin de tenter une nouvelle fois l'expérience. Le perdant lui, n'osera pas faire de nouvelles tentatives. Il se repliera sur lui-même en s'apitoyant sur sa malchance. Il se plaindra que toute sa vie les événements, les gens et les circonstances ont été contre lui. Le gagnant ne restera pas longtemps à se morfondre sur son sort, il relèvera rapidement ses manches et se remettra au travail pour atteindre son objectif. Celui qui dompte sa peur s'ouvre à des horizons martiaux extraordinaires.

Combien d'arts martialistes ont engagé des combats par peur de sembler faibles face à un adversaire provocateur ?

La peur est un levier puissant qui peut manipuler celui qui en est affecté. Combien d'arts martialistes ont engagé des combats par peur de sembler faibles face à un adversaire provocateur ? Même s'il a gagné son combat, il a fait preuve d'une grande faiblesse. En acceptant le combat, il a été complètement manipulé par la peur de ce que les gens pouvaient penser de lui. Le sportif est heureux de l'estime que les gens lui porteront au moment où il gagne son combat. La peur de la perte de l'estime de ses admirateurs est un poison qui le grugera lentement. Le guerrier ne se préoccupera pas de ce que les gens penseront de lui.

Le vrai guerrier cherchera à comprendre les racines de sa peur afin de la dominer. L'homme n'est fondamentalement pas un être peureux. La plupart de ses peurs lui ont été apprises par ses parents ou encore laissées en héritage par des proches. Combien de parents ont répété à leur enfant que l'eau était dangereuse, déclenchant ainsi chez lui une peur irrationnelle de l'eau ? La plupart de nos peurs nous ont été enseignées. Cela ne veut pas dire de foncer tête baissée sur tous les obstacles sans réfléchir. Ce n'est pas tout le monde qui a la possibilité de se faire casser le nez dans un combat de *full contact* sans que cela ne nuise à son travail. Il ne faut pas que la peur choisisse à notre place, mais que toute décision soit le résultat de notre libre arbitre et non de nos émotions sur le coup d'une impulsion. Il ne faut pas non plus éloigner totalement la peur. Celui qui n'a jamais peur n'est pas un guerrier, mais un déséquilibré. Il faut la contrôler, apprendre à en faire une complice. Alors seulement, on peut espérer accéder un jour à une confiance en soi solide.

Dans les arts martiaux, il ne faut pas avoir peur de remettre en question les connaissances déjà acquises. Quel art martialiste d'expérience n'a pas été confronté un jour ou l'autre à la dure réalité que telle ou telle technique ne donnera jamais les résultats que son professeur lui avait démontrés. Que ce *kyusho*, ce point de pression qui devait faire plier n'importe quel adversaire est loin de fonctionner avec tout le monde. On ne doit pas craindre de remettre en question notre savoir. L'apprentissage d'un art martial n'est pas un acte de foi, c'est une accumulation de connaissances et d'expériences que l'on doit trier afin d'obtenir les outils les plus pertinents pour accomplir le but recherché. Survivre en situation réelle ne nécessitera pas les mêmes outils que l'obtention d'une première place en compétition. On doit apprendre à cibler les bons objectifs. Il ne faut pas avoir peur d'affronter la réalité de nos besoins.

La seule chose que doit produire la peur est de vous rendre plus prudent dans votre approche.

La peur peut conduire à de mauvaises réactions. Demander à n'importe quel intervenant en sécurité s'il n'a pas eu peur un jour à la simple vue d'un contrevenant qui semblait dangereux. Inconsciemment, certains types d'individus peuvent nous indisposer. Imaginez-vous en train de devoir intervenir contre un colosse au crâne rasé qui parle fort et qui semble particulièrement en colère. Tous les regards convergent vers lui et l'homme en veston cravate avec lequel il argumente. Son t-shirt laisse dévoiler ses nombreux tatouages qui ne vous inspirent rien de bon. En le regardant ainsi, vous craignez le pire. Avant même d'intervenir, la peur a grugé une partie importante de votre énergie. Vous sentez vos jambes se ramollir, vous avez l'impression que votre voix ne portera pas autant que vous le voudriez. Le doute s'empare de votre esprit, vous doutez de pouvoir vous en sortir facilement contre un adversaire qui semble aussi puissant. Pourtant, peu importe sa grandeur, une simple frappe à certains endroits bien précis, et le tour est joué.

La grandeur, la force physique ou l'apparence ne devrait en aucun cas vous empêcher de réagir adéquatement. La seule chose que doit produire la peur est de vous rendre plus prudent dans votre approche. Mais en aucun cas, elle ne devrait influencer vos fonctions glandulaires. Si elle le fait, votre compétence devrait pouvoir vous aider à contrôler ces effets négatifs. On doit indubitablement apprendre à contrôler sa peur.

Persévérance et endurance

Le second défi du guerrier est de développer une persévérance qui lui donnera une endurance à toute épreuve. Non seulement une endurance physique, mais surtout une endurance mentale. Basé notre capacité martiale sur notre endurance physique ne vaut pas grand-chose sans un esprit solide. Cette endurance permettra au guerrier de se maintenir dans le chemin qu'il s'est fixé, même si tout semble être contre lui. Cette endurance lui apprendra la volonté, le libre arbitre et la détermination nécessaires pour choisir et pour poursuivre son propre chemin. Combien de gens ont la volonté nécessaire de se fixer un but et d'y accéder ? Combien de résolution du Nouvel An avez-vous tenue ? Persévérer n'est pas l'apanage de tous.

L'endurance que le guerrier doit cultiver pourra lui permettre de voir plus clairement les événements autour de lui, même dans les pires circonstances. Elle l'aidera après la défaite à ne pas s'apitoyer sur lui-même, mais au contraire à analyser froidement la situation dans un but d'amélioration. En cas de guerre, le guerrier qui s'apitoie sur son sort est un homme mort. Seule l'endurance lui permet de se sortir des pires situations.

Le kanji NIN 忍 première syllabe du mot « ninjutsu », se traduit par endurance et persévérance. Le guerrier sait d'instinct que les chemins étranges de la voie ne manqueront pas de mettre des obstacles sur sa route. Il apprend à retirer du positif de tout ce qui est négatif. En Chinois, le même *kanji* signifie patience. Le mot « ninja » se traduit par une personne qui pratique la persévérance.

Les études de marketing qui ont été réalisées sur les écoles d'arts martiaux démontrent que pour garder l'intérêt des étudiants, ils doivent recevoir une ceinture aux trois mois. Passé ce délai, il y a une perte de motivation chez la plupart des pratiquants. À mon école, les étudiants peuvent être un an sans graduer. Ceux qui y demeurent le font parce qu'ils aiment ce qu'ils y apprennent. C'est sûr que d'un point de vue monétaire, c'est beaucoup moins rentable. Mais lorsque je regarde la qualité des gens qui obtiennent leur ceinture noire, je me dis à chaque fois que ça en valait la peine. Mon objectif est de faire en sorte que mes étudiants puissent se défendre en situation réelle. Au fil des vingt-cinq dernières années, j'ai eu plus d'une douzaine d'étudiants ayant subi des attaques au couteau (ceci inclue les gens que je forme dans le domaine de la sécurité), qui ont gagné leur combat sans être blessés. Une autre de mes étudiantes s'est bien sortie d'une agression à mains nues contre trois agresseurs, envoyant le premier en chirurgie.

Je vois ces résultats comme étant les conséquences de la persévérance. Ces gens ont travaillé fort pour en arriver là. Ils ont choisi entre la facilité et l'obligation de se botter régulièrement le derrière pour assister au cours. Il est tellement plus facile d'aller prendre une bière avec les amis plutôt que d'aller souffrir en classe.

N'importe quel professeur vous dira que c'est impressionnant tout ce que les gens peuvent inventer comme excuse pour ne pas se présenter à un cours. Cela va des cinq grand-mères décédées en passant par le dégât d'eau annuel, les nombreuses pannes de voitures. Il serait si simple pour l'étudiant de dire tout simplement que ça ne lui tentait pas d'aller au cours ce soir-là. La plus grande majorité des pratiquants d'arts martiaux ont une relation professeur-élève. Cette relation se résume dans la plupart des cas à l'achat de cours d'art martial. Il achète une session comprenant un certain nombre d'entraînements par semaine. C'est sa possession, il en fait ce qu'il veut. Par contre, à moins d'excuse valable, il ne devrait pas se plaindre s'il n'a presque pas suivi de cours durant la session. Il existe un autre lien plus profond entre le professeur et l'étudiant.

Le professeur voit simplement que cette personne a du potentiel et son enseignement différera graduellement.

Le *deshi* 弟子. La traduction la plus proche est disciple. Dans cette relation, le professeur prend en main l'étudiant afin de le faire progresser au maximum. Cette voie peut être difficile pour le *deshi* car le professeur exige de lui plus d'effort. Le contrat entre les deux parties se fait de façon indirecte. Il n'y a pas d'entente verbale entre les deux, le professeur voit simplement que cette personne a du potentiel et son enseignement différera graduellement. Le *deshi*, s'il est prêt à atteindre ce niveau privilégié, réalisera qu'il y a quelque chose de différent dans sa relation avec son professeur. S'il accepte ce contrat moral, il a alors le devoir de s'impliquer davantage. S'il ne le fait pas, il y a de fortes chances que son professeur le ramène au simple rang d'étudiant et qu'il le demeurera durant plusieurs années. Il pourra de cette façon manquer autant d'entrainement qu'il le désirera.

L'égo

Ce que je pourrais qualifier de troisième défi du guerrier est plus subtil, plus difficile à réaliser. Il s'agit de se débarrasser de l'égo, cette petite bête noire qui sommeille au fond de nous et qui nous amène constamment à compétitionner avec les autres plutôt qu'avec nous-mêmes.

L'égo du pratiquant d'art martial peut se présenter sous diverses facettes. La première est sans aucun doute amenée par le système de ceinture tel que nous le connaissons dans notre monde moderne. Qui n'a pas été impressionné, à ses débuts, par la vue d'une ceinture noire dans le *dojo* ? Quelle ceinture noire, en contrepartie, n'a pas été flattée de l'admiration qu'on lui portait à la seule vue de sa ceinture ? Placez de nouveaux élèves ensemble et leur premier coup d'œil va aller à la ceinture de leur partenaire d'entraînement avec tous les préjugés que cela comporte. Au niveau ceinture noire, porte-t-on notre ceinture pour nous-mêmes ou pour montrer aux autres à quel niveau nous sommes rendus ?

On ne doit pas oublier que les ceintures sont une invention récente qui avait pour but de classifier les compétiteurs par niveau d'expérience. Le judo a probablement été le premier art martial à utiliser ce système afin d'équilibrer les groupes de combattants. Dans cette optique, l'invention des ceintures est un plus. Traditionnellement, dans les styles japonais, le pratiquant prouvait son évolution par les *kyu* et les *dan* qu'il avait obtenus. Lorsque la ceinture noire a fait son apparition, plusieurs styles ont jugé bon d'afficher le degré des pratiquants par de petites barres sur la ceinture. Beaucoup de styles d'arts martiaux sont demeurés plus humbles, n'affichant pas le niveau de la ceinture noire.

> *Si vous n'êtes pas assez mâture pour savoir quand aller à la toilette, vous n'êtes pas assez mâture pour pratiquer des arts martiaux.*

L'égo de plusieurs professeurs va tellement loin que, pour se valoriser et se montrer supérieurs à leurs étudiants, ils appliquent une dictature créant un fossé entre eux. Un étudiant adulte n'a pas de permission à demander pour aller à la toilette ou aller boire. Il devrait être assez mature pour savoir quand il a soif et quand il a envie. Alors qu'il salue et qu'il y aille. Dans ces conditions, le professeur qui exige qu'on lui demande la permission et qui, dans bien des cas, refuse même cette permission ne réagit qu'à un simple élan de son égo pour le seul plaisir de dominer. Personnellement, j'aime bien la mentalité qui dit que si vous n'êtes pas assez mâture pour savoir quand aller à la toilette, vous n'êtes pas assez mâture pour pratiquer des arts martiaux. L'idée derrière cette philosophie est simple, si vous manquez de l'information parce que vous n'êtes pas là, vous vous pénalisez vous-même.

J'ai eu la chance de m'entraîner et d'enseigner à des arts martialistes de niveau 5e dan et plus et ils ont toujours écouté attentivement les techniques que je leur enseignais, même si je n'étais que 3e dan à l'époque. Je n'étais pas meilleur qu'eux, j'avais simplement la chance de connaître des techniques différentes de celles qu'ils possédaient. Dans ces groupes d'entraînement et d'échange que nous formions, même si 5 ou 6 arts martiaux différents étaient présents, nul ne cherchait à se valoriser pour lui-même ou pour son style. Au contraire, tous avaient l'humilité de l'étudiant débutant, sachant fort bien que peu importe son niveau, on est toujours étudiant.

Jack Hoban, qui a été l'un de mes professeurs en *budo taijutsu* a donné une bonne explication de ce que devrait être la philosophie guerrière. Plusieurs arts martialistes qui entrent dans un bar regardent les gens présents et s'imaginent différents scénarios où ils seraient attaqués par les personnes se trouvant sur les lieux. Dans leurs esprits, ils se disent qu'il serait facile pour eux de les vaincre et d'en retirer toute la gloire. Cette façon de penser amène le pratiquant d'art martial à regarder les gens d'une façon qui n'est pas toujours adéquate. De nos jours, il y a de plus en plus de gens paranoïaques. Un regard de trop peut dégénérer rapidement en bagarre. Lorsqu'il se trouve dans un bar, Jack oriente plutôt ses pensées en se disant que les gens sont plus en sécurité, car il est présent. S'il arrive quoi que ce soit, il pourra veiller à ce que tout le monde soit plus en sécurité. Cette façon de penser évite les regards inquisiteurs qui sont le plus souvent jetés inconsciemment. La pensée du guerrier s'oriente davantage vers la tranquillité des pensées que vers la mise en situation de scénarios où il se met dans la peau d'un héros de cinéma.

L'image que l'on garde de la plupart des vieux maîtres en est une où l'on voit ces vieux sages au regard plein de bonté. Alors, posons-nous la question suivante, est-ce que mon regard engendre la crainte ou si au contraire il a l'effet de rassurer les gens autour de moi ?

Accepter de vieillir

La quête spirituelle du guerrier ne se terminera qu'avec sa mort. Toute sa vie il la mettra au service de la connaissance. Il doit donc affronter un dernier adversaire pour arriver à son but ultime : accepter le vieillissement de son corps non comme quelque chose à combattre, mais bien comme un outil qu'il maîtrise de mieux en mieux avec les années.

Le vieil homme a fait grimper cette douleur
à vingt et un sur une échelle de dix.

Vieillir n'est pas synonyme de perte de compétences. Cinq jours avant d'écrire ces lignes, j'étais au Japon sur un cours donné par Hatsumi sensei. À 83 ans, ce vieux maître a atteint un niveau d'efficacité incroyable. Certes, il ne fera pas de techniques acrobatiques ou de coups de pieds sautés. Mais il n'en a pas besoin pour gagner son combat. Il a appris à exploiter chacune de nos failles. S'il n'y en a pas, il joue avec notre mental nous obligeant ainsi à créer des ouvertures qu'il ne manquera pas d'utiliser à son avantage. Même si son coup de poing est encore extrêmement puissant, il n'a pas à employer cette force. Il se sert simplement de la puissance nécessaire au bon moment et au bon endroit. Il génère des douleurs incroyables avec un seul doigt positionné dans le bon angle afin de nous rendre incapables d'une riposte quelconque. Il nous amène dans une situation où notre équilibre instable fait de nous un pantin. Il y a quelques années je le regardais faire une technique sur un Occidental et j'étais crédule devant la douleur qu'affichait l'homme. J'ai demandé à Hatsumi sensei de me faire subir ce qu'il venait de faire à l'autre homme. J'ai déjà eu des pierres sur les reins et sur une échelle d'un à dix, ce type de douleur est classé huit. Je suis habitué à la douleur et même avec les douleurs créées par ces pierres, je pouvais discuter calmement avec les infirmières. Le vieil homme a fait grimper cette douleur à vingt et un sur une échelle de dix. Il m'a amené sur le bord de l'évanouissement avec des douleurs indescriptibles. Tout ça avec simplement des points de pressions sur... ma main.

À ma dernière visite, il m'a dit de remarquer la douleur qu'il allait me faire. Avant d'effectuer la technique, il m'a dit que ce type de pression demandait une précision (je n'ai pas compris le mot suivant, mais je pense pouvoir traduire cela par chirurgicale). Il a redirigé mon poing et a appuyé avec la pointe de son coude à un point précis de mon abdomen. La douleur était incroyable, il était impossible pour moi de riposter d'une quelconque façon. Le plus frustrant pour moi dans cette histoire est que j'ai été incapable de reproduire cette douleur. Probablement qu'il n'y avait qu'un seul et unique angle bien précis pour que cela fonctionne.

Au moment d'écrire ces lignes, j'ai 56 ans. Mon efficacité martiale n'a jamais été aussi performante. Bien sûr, j'ai les limites imposées par un corps vieillissant. Mais ma maîtrise des déplacements, des angles et des distances font en sorte que mon efficacité est supérieure à celle de mes années de jeune coq.

Il est important lorsqu'on pratique un style d'art martial de savoir si cet apprentissage nous permettra d'obtenir un meilleur rendement en vieillissant. Dans un sport de combat, plus on vieillit et moins nous sommes performants, ce qui à mon sens n'est pas normal. Un art martial nous permet d'évoluer et de nous améliorer toute notre vie. Alors, si vous avez la même efficacité, ou pire, moins d'efficacité qu'à vos vingt ans, il serait peut-être temps de vous poser des questions.

Plus loin lorsque nous parlerons des trois triangles, vous pourrez vous familiariser davantage avec les critères nécessaires à cette évolution au fil des ans.

L'entraînement au quotidien

Un art martial ne constitue pas une simple série de techniques que l'on collectionne et qui ne sert que sur le *tatami*. Pratiquer un art martial est une façon de vivre. On ne doit pas être art martialiste uniquement en dojo. Notre qualité martiale se reflète constamment dans la vie quotidienne. Une foule de détails que nous accomplissons tous les jours peuvent non seulement nous donner un indice très fiable de notre compétence dans ce domaine, mais cela nous ouvre les portes pour un entraînement original et différent.

Des choses aussi simples que la façon dont on marche peut indiquer à un adversaire notre compétence martiale. Une respiration des pectoraux accompagnés d'épaules portées hautes indique une élévation du centre de gravité synonyme d'une légère faiblesse dans l'équilibre, ce qui peut se révéler une faille en combat réel. Une démarche sur les talons qui donnent une onde de choc amenant nombre de maux de dos avec les années démontre un manque certain de fluidité et d'alignement des os dans les mouvements. Par contre l'art martialiste qui possède un pas alerte et souple accompagné d'une respiration ventrale profonde, saura se montrer un adversaire redoutable. Si sa respiration est bien maîtrisée, ses énergies bien canalisées, cette personne projettera calme et sagesse.

Dans les arts martiaux, on entend souvent parler du centre *hara*, cette partie qui englobe le bas du ventre. En sentant bien cette partie de notre corps, on peut en arriver à donner plus de fluidité et d'équilibre à nos déplacements. On s'en servira également comme point de pivot pour contrer des attaques puissantes. Nous y reviendrons dans le chapitre sur le *kaname*.

Les possibilités d'entraînement qui s'offrent à nous prennent parfois des chemins si inusités qu'elles nous passent souvent sous le nez sans que l'on puisse les voir. Notre premier entraînement peut se faire le matin avant même d'enfiler nos pantalons. Notre façon de bouger pour se sortir des couvertures peut se transformer en exercice important. Imaginez l'importance de s'extirper rapidement des couvertures rapidement si quelqu'un voulait vous poignarder au lit. Bien sûr l'exemple est extrême, mais il n'en demeure pas moins que ça devient intéressant de vérifier avec quelle facilité on peut se sortir des couvertes. Des déplacements fluides sans saccade peuvent être développés par un exercice d'apparence aussi puéril, soit la façon dont on dépose nos pieds au sol et qu'on se tient debout. Il faut à partir de cette posture pouvoir bouger facilement dans toutes les directions.

Est-ce que vous coupez votre steak avec la grâce de l'homme de Néandertal ou si au contraire le tout se fait avec élégance ? Des gestes aussi simples dénotent de la part de l'exécutant, sa facilité à aligner ses os, à faire des mouvements où l'utilisation du poids du corps démontre la maîtrise du mangeur. Il est parfois impressionnant de constater comment il peut être périlleux pour certaines personnes, d'amener une cuillère de soupe jusqu'à leur bouche.

La grâce et l'élégance avec laquelle nous enfilons un veston ou un manteau donnent un bon aperçu de l'aisance de nos bras à bouger. L'enfiler en assommant le moins de gens possible, avec la plus grande vitesse possible tout en étant décontracté et d'allure naturelle, font d'un geste quotidien, un mode d'entraînement qui complètent bien les exercices faits en dojo. Si vous êtes le style de personne à tout accrocher autour de vous, peut-être que votre art martial ne développe pas suffisamment la prise de conscience de tout ce qui vous entoure.

Quoi de plus naturel que de se verser un verre de lait sans en échapper une goutte à l'extérieur du verre, que de brasser son café sans en reverser ? Boire de l'eau dans un abreuvoir demande une bonne souplesse de la colonne ainsi qu'une bonne coordination des jambes. Imaginez qu'on vous attaque lorsque vous êtes ainsi penché en train de boire. Une bonne posture vous permet de réagir rapidement et habitue votre corps à avoir un bon alignement des os, d'avoir les bonnes tensions musculaires aux bons endroits.

Certains professeurs orientaux ne se cachent pas pour dire que nos jambes sont faibles comparativement aux leurs. On n'a qu'à penser à l'effort nécessaire pour se lever du sol après un repas traditionnel japonais. On peut compenser en prenant davantage l'escalier que l'ascenseur. On peut monter les marches deux à deux. On peut choisir la pelle lorsqu'on a le temps plutôt que le chasse-neige. On prendra soin de travailler avec les jambes au lieu du dos. Se rendre au dépanneur du coin à pied plutôt qu'en voiture contribue grandement au bon maintien de la forme de l'art martialiste.

Tombez-vous sur votre chaise comme si la gravité vous attirait de façon irrésistible ?

Le pratiquant d'art martial accompli ne perd aucune occasion de s'entraîner. Des gestes quotidiens aussi simples que la façon de s'asseoir dans une voiture ou sur une chaise deviennent des méthodes d'entraînement importantes pour le contrôle total du corps. Tombez-vous sur votre chaise comme si la gravité vous attirait de façon irrésistible ou si au contraire donnez-vous l'impression que votre corps flotte avec élégance et légèreté ? Les coureurs automobiles comprennent mieux que quiconque l'importance de la manière de s'asseoir pour conduire. La colonne doit être le mieux centrée possible afin de permettre aux bras et aux jambes de réagir à des vitesses incroyablement rapides.

Si vous avez une chance de demeurer dans un endroit où les trottoirs sont souvent enneigés, cela devient une occasion unique de pratiquer la marche en laissant le poids du corps constamment au-dessus des genoux empêchant ainsi le corps de subir des déséquilibres. La bonne répartition du poids ainsi obtenu permet à l'art martialiste accompli de n'être jamais pris au dépourvu si son pied glisse sur une plaque de glace.

Lorsque vient le moment de lever des objets lourds, l'art martialiste sait combien il est important de forcer avec ses jambes plutôt qu'avec le dos. Il prendra soin de profiter de l'occasion pour travailler en gardant sa colonne vertébrale dans un bon alignement des os.

Les arts martiaux ne devraient pas consister uniquement à bloquer des attaques et à en faire. Il y a un volet stratégique qu'il est intéressant de développer. Imaginez que vous avez deux personnes qui vous attaquent au sabre. Dépendamment de leurs positions, la stratégie que vous aurez à utiliser variera grandement. Vous ne pourrez pas vous servir de la même tactique de défense si vos adversaires sont côtes à côtes ou s'ils se tiennent dans un angle de quatre-vingt-dix degrés. Profitez-en pour analyser ce que vous feriez si quelqu'un vous agressait dans un restaurant ou un endroit fermé. J'enseigne aux gens que je forme dans le domaine de la sécurité à analyser tout ce qui se trouve autour d'eux. Qu'est-ce qui pourrait servir d'arme qu'il pourrait utiliser ou qui pourrait au contraire se retourner contre eux ?

*Il ne faut pas oublier qu'un guerrier
est avant tout un protecteur.*

Il faut prendre également conscience que si l'on a quelqu'un à protéger avec nous, une personne de notre famille par exemple, la situation serait toute autre. On ne peut s'entraîner physiquement dans les endroits publics, mais on peut s'imaginer différents scénarios. Dans bien des cas, ce simple exercice mental suffit à éviter bien des problèmes. Il ne faut pas oublier qu'un guerrier est avant tout un protecteur.

L'entraînement de l'art martialiste est l'action d'une vie qui vise principalement l'harmonisation du corps et de l'esprit. Pour y arriver, l'art martialiste consciencieux n'hésitera pas à inclure les petits gestes quotidiens dans son mode d'entraînement pour atteindre son but.

Une compréhension schématisée

Durant plusieurs années, je me suis torturé les méninges en me questionnant sur ce que pouvait être un vrai maître d'art martial. Bien sûr, il y avait d'abord ces vieux maîtres d'expérience comme Ueshiba, Chow, Takamatsu sensei et plus près de nous, Hatsumi sensei, des maîtres ayant atteint leurs lettres de noblesse. Mais quel rapport pouvait-il y avoir entre eux et une personne d'une trentaine d'années se présentant en disant : « Bonjour, je suis Maître X » ? Comment quelqu'un pouvait-il prétendre se présenter en se désignant lui-même comme étant maître ? Stephen K. Hayes avait soulevé une comparaison intéressante « C'est un peu comme si John Wayne se présentait, « Bonjour, je suis John Wayne, la vedette », expliqua-t-il. Ma compagne, art martialiste accomplie, a su trouver la réplique idéale face à ces personnes à l'égo fort. Lorsqu'il se présente comme étant maîtres, elle leur réplique simplement « Vous êtes avocat ? » Ce sont généralement des gens qui n'ont même pas atteint la cinquantaine qui se proclament eux-mêmes comme étant maîtres.

Un titre comme celui de maître se mérite, on ne peut l'imposer aux élèves comme c'est souvent le cas. Le respect, ça ne s'oblige pas, ça se mérite. Ceux qui atteignent un réel niveau de maîtrise ne s'en font pas. Les étudiants reconnaissent leurs capacités sans qu'ils soient nécessaires de démontrer quoi que ce soit. Ces personnes demeurent simples, faciles à approcher.

On peut faire trente ans d'arts martiaux et
ne pas comprendre ce que l'on fait.

Comment réussir à visualiser le niveau d'un art martialiste et comment arriver à simplifier ce que pouvait être un vrai maître et non juste un art martialiste de haut niveau ? Le défi est des plus intéressants. Naturellement, tout n'est pas si facile, il est évident que le schéma que j'ai composé n'est pas parfait, mais il possède le mérite d'exister et de donner un bon point de référence où peut se situer un vrai maître par rapport aux autres. Il jette les bases d'une nouvelle façon de s'autoévaluer et de s'autocritiquer. Je vais utiliser le terme de débutant, terme qui ne correspond pas nécessairement au nombre d'années. Il symbolise la connaissance que l'on peut avoir du *budo*. On peut faire trente ans d'arts martiaux et ne pas comprendre ce que l'on fait, alors que pour certains la vérité est presque immédiate. Il n'est pas rare de voir des arts martialistes de 20 ans d'expérience être encore au niveau de compréhension d'un débutant. Certes il possède un grand nombre de katas et de techniques, mais cette comptabilité fait généralement appel à la mémoire et à la capacité d'imiter les mouvements que l'on a acquis.

Ce mode d'évaluation est basé sur une représentation graphique à l'aide de triangles. Il a l'avantage de nous permettre de connaître nos points faibles dans notre apprentissage. La schématisation de ces triangles n'est là que pour faciliter la compréhension de ce système de pensée. Le livre est divisé en trois parties principales. Chacune d'elle débute avec l'explication d'un des triangles. Il est déraisonné de faire un ordre chronologique exact avec un tel matériel. Différents chapitres pourraient se retrouver dans n'importe laquelle des trois sections du volume. On ne doit pas interpréter ça de manière linéaire et analytique, mais plutôt de façon holistique où tout s'entrecroise.

Premier triangle

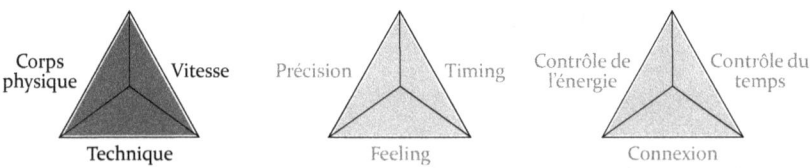

Une compréhension schématisée
Tenter de décrire un niveau martial par une représentation graphique n'est pas chose aisée. Ce n'est pas une science exacte, d'ailleurs ce n'est pas une science du tout. Cette schématisation n'est qu'un outil qui nous permet de mieux situer nos points forts et nos points faibles. Chaque personne étant différente, on ne peut placer tout le monde dans la même catégorie. Le but n'est pas de classer l'art martialiste, mais de lui faire prendre conscience de son cheminement.

L'utilisation de ces triangles est simple au premier niveau. On regarde chacune des facettes et on tente d'analyser ce qu'il nous manque pour les optimiser. Au second stade, ça se complique un peu. On doit faire un effort pour comprendre et surtout, on se doit d'accepter nos faiblesses afin que l'on puisse y changer quelque chose. Au dernier palier, on se doit de faire des recherches, d'exécuter des exercices qui peuvent paraître mystiques à certains moments. À cette étape, on doit parfois remettre en question des croyances qui étaient enracinées depuis des années.

On peut se donner une cote d'un à dix, ce qui justifiera la longueur de nos segments de triangle. Idéalement, on recherchera à avoir une figure équilatérale afin que nos forces soient le mieux équilibrées possible. Comme la nature, le *budo* réclame équilibre et harmonie. Lorsque l'on fait une telle introspection, on peut avoir tendance à être trop sévère. Il faut tenter de s'autoévaluer le plus exactement possible. Parfois, même si c'est gênant pour plusieurs, on peut demander à ses professeurs ou collègues d'entraînement de nous aider à jauger notre niveau de compétence. La qualité essentielle pour cet acte de conscience est l'honnêteté.

Si vous ne voyez pas de défauts, inventez-en.

Il m'arrive occasionnellement de faire faire à mes étudiants un petit travail simple qui peut être gênant pour certains et vexant pour d'autres. Par groupe de deux ou trois personnes, ils doivent analyser une technique de base simple, ils ont pour mission d'y trouver des défauts. Un étudiant exécute la technique et les autres doivent le critiquer. Je leur dis souvent à la blague, si vous ne voyez pas de défauts, inventez-en. C'est certain qu'un débutant se sentira mal à l'aise de juger son partenaire surtout s'il est ceinture noire. Et d'un autre côté, si le plus haut gradé des deux commet des erreurs, peut-être que ça prenait cet exercice pour l'obliger à se botter le derrière. Tous les moyens sont bons pour s'améliorer. Il est parfois plus facile de juger les autres que soi-même. D'un autre côté, on peut être tenté d'être trop sévère envers nous-mêmes.

Pourquoi s'autoévaluer ? Parce que beaucoup trop souvent on juge notre progression martiale sur la quantité de techniques acquises plutôt que sur nos compétences. La satisfaction d'avoir appris une nouvelle technique ou un nouveau kata est enivrante. Mais est-ce qu'on est un meilleur combattant suite à ces nouvelles acquisitions ? Pas nécessairement. Le but ultime d'un art martial est de faire de nous de meilleur combattant malgré l'âge et non de faire de nous un meilleur collectionneur.

La technique

La base de tout art martial repose d'abord sur la technique. On ne saurait commencer un cours d'art martial sans apprendre les positions nécessaires, les frappes de base et tout ce qui est utile à une fondation solide afin devenir un exécutant accompli. La manière de fermer le poing, de donner un coup de pied, l'étude d'un kata et tout ce qui entoure l'aspect mécanique du corps humain est la base même de ce premier côté de notre triangle. Pour d'autres styles d'arts martiaux, ce sera d'apprendre à tomber, à rouler, à se déplacer, etc. On retrouve dans cette lignée, les katas et les techniques à deux ainsi que le travail avec les armes. On peut y inclure de façon générale, tout ce qui y est appris au moyen de l'intellect et qui doit passer par une phase de mémorisation et de conditionnement. Tout ce qui exige une répétition nombreuse des mouvements afin que le corps puisse réagir de façon automatique sans se poser de questions.

Dans cette base de notre premier triangle, il est important que l'étudiant assimile bien l'aspect mécanique de tous les déplacements qu'il est appelé à utiliser tout au long de son apprentissage. Malheureusement, trop de pratiquants refont les mouvements de façons robotisées sans comprendre réellement le sens réel ou caché des techniques. Oui à ce stade la répétition est une grande partie du secret dans le développement d'un art martialiste accompli, mais ça ne devrait pas empêcher l'étudiant de réaliser ce qu'il fait et pourquoi il le fait.

La technique est certes importante, mais elle n'est pas le seul secret dans la création d'un bon art martialiste. D'autres facteurs sont reliés à cette facette de ce que nous nommerons le premier triangle. On n'a qu'à penser à la respiration. Trop souvent négligée, elle se devrait d'être enseignée dès les débuts de la formation. Un trop grand nombre de pratiquants ne peuvent inspirer de façon naturelle sans gonfler le haut des poumons. La respiration est incluse dans le volet technique de notre triangle de base.

La qualité de cette facette repose également sur notre facilité d'apprentissage. Si vous prenez un danseur professionnel, il pourra assimiler et reproduire plusieurs katas difficiles dans un temps record. Par contre, si votre capacité mnémonique laisse à désirer, la passation des ceintures sera probablement plus longue, et ce, même si en combat vous pouvez surpasser la plupart des pratiquants de votre groupe. Certains arts martiaux n'obligent pas les étudiants à mémoriser toutes les techniques. Il est important de choisir notre art martial en fonction de nos aptitudes tant intellectuelles que physiques.

Que ce soit dans les arts martiaux ou dans la vie, notre besoin de maîtriser certaines techniques est indéniable. Vous êtes comptable, vous devez performer dans les chiffres. Chaque profession demande son lot d'apprentissage où la mémoire sera sollicitée. Informatique, médecine, juge, peu importe le métier, un minimum technique est indispensable. Votre travail consiste simplement à visser un boulon sur une chaîne de montage ? Vous avez probablement des consignes sur la façon de le serrer. Une tension prédéterminée est nécessaire. Si vous faites du ménage, certains produits seront à proscrire pour ne pas endommager le plancher ou la peinture. Et de toute façon, ne serait-ce que pour programmer l'enregistrement de notre émission favorite, des connaissances sur le sujet seront requises.

Le but ultime est de s'améliorer et non de collectionner.

Il faut faire attention de ne pas sombrer dans la collection de techniques. Posséder un grand nombre de katas est bien, mais si en possédant quelques formes de plus nous ne sommes pas meilleurs martialement, je crois qu'il y a un problème. Le but ultime est de s'améliorer et non de collectionner. Certaines personnes ne voient plus l'art martial tellement le nombre de techniques à mémoriser cache l'essentiel.

L'acquisition de techniques est nécessaire pour devenir un art martialiste, mais la qualité d'un bon pratiquant ne repose pas uniquement sur la quantité de techniques assimilées. On doit comprendre les techniques. Notre société nous pousse à des résultats rapides. Le même phénomène se produit dans les arts martiaux. Le marketing martial a démontré l'importance de la passation rapide des ceintures afin de retenir l'étudiant le plus longtemps possible au sein de l'école. Le système de passation de ceinture repose généralement sur l'acquisition de nouvelles techniques et pas suffisamment sur la qualité d'exécution de ces techniques. On doit faire la distinction entre chorégraphier ces techniques et les exécuter.

Dans certains arts martiaux anciens, les vieux maîtres cachaient les techniques importantes au sein de techniques peu efficaces, mais souvent très démonstratives, très tape-à-l'œil. Le meilleur endroit pour cacher une noix n'est-il pas dans un sac de noix ? Pourquoi faire cela ? À une certaine époque, il n'était pas rare d'avoir des combats avec d'autres maîtres ou même avec certains de ses étudiants qui désiraient se faire une réputation. Afin de garder une certaine démarcation, le professeur gardait certains secrets pour lui. Si son disciple se rebellait et utilisait les techniques plus tape-à-l'œil, mais moins efficaces, ses chances de gagner le combat étaient grandes. Lorsque l'étudiant devenant une personne de confiance, alors le professeur lui révélait l'essentiel qui était caché au sein même des techniques.

Dans le même but, certaines écoles modifiaient les katas qu'ils enseignaient. Le nouveau venu apprenait un grand nombre de katas dit kata étudiant. Les techniques étaient efficaces pour apprendre à se défendre d'un ennemi ayant une compétence minimale. Mais si l'étudiant se rebellait contre son maître, il ignorait certaines variations qui lui coûtaient la défaite. Lorsque le lien de confiance s'établissait, alors seulement à partir de ce moment le disciple avait accès à ce que l'on pourrait appeler les katas professeurs. Dans les deux catégories, on retrouvait les mêmes katas. Seuls quelques mouvements différaient. Un bloc légèrement différent accentuait un déséquilibre chez l'attaquant. Une façon de rediriger la lame sur un piqué et l'attaquant était entraîné un peu plus loin que ce qu'il aurait souhaité. À première vue, ces katas se ressemblaient grandement. Seules de petites différences dans certains mouvements pouvaient différencier ces deux catégories. Mais même si c'était minime, cette façon distincte de bouger ne pouvait qu'apporter la défaite à celui qui l'ignorait.

Le corps physique

Le corps humain est le premier outil qu'utilise l'art martialiste. Tout se joue sur la façon dont on l'utilise. Sur la seconde facette de notre premier triangle, on y retrouve tout ce qui touche à la performance du corps humain. On inclut dans ce point de vue, la puissance, l'endurance, la souplesse, bref, toutes les capacités que le corps humain peut donner. Toute technique, pour être efficace à la base, se doit d'être soutenue par cet aspect. Le coup de poing d'un enfant ne fera pas les mêmes dommages que celui d'un adulte. L'entraînement augmente cette qualité martiale. On développe l'endurance physique au moyen d'un conditionnement physique exigeant, long et difficile. Un bon art martialiste doit savoir performer. On doit développer son corps de manière à atteindre 100 % d'efficacité. Si le pratiquant arrête de s'entraîner à frapper dès la première rougeur aux jointures, il est évident qu'il n'atteindra jamais 100 % d'efficacité sur un coup de poing. Apprendre à s'endurcir fait partie de cet aspect du premier triangle.

À ce stade, on doit développer une certaine endurance à recevoir des impacts sur le corps. Il y a deux façons de se préparer à cela. La première est de se faire frapper. Il n'est pas rare de voir des démonstrations de personnes qui se font casser des planches sur le torse, les bras ou les tibias. Ce type d'entraînement n'est certes pas fait pour tout le monde. De plus elle comporte quelques lacunes. Si vous le faites dans le but de recevoir des coups puissants et de pouvoir continuer à combattre, vous devriez peut-être vous faire frapper au visage régulièrement. Dans un combat, la tête et le visage sont l'une des premières cibles à recevoir des attaques. Les parties et les genoux sont également des cibles de choix. La seconde solution consiste à travailler avec le mental. À s'habituer à dominer la douleur et à la gérer. Une douleur est une information du système nerveux nous indiquant qu'il y a un problème. Il existe des techniques très simples pour apprendre à gérer ces douleurs. Dans le pire des cas, on doit apprendre simplement à passer outre cette douleur, à ne pas s'apitoyer sur son sort au moment de recevoir des coups.

Lorsque je parle de force physique, ce n'est pas uniquement de lever des poids énormes qui nous donneront l'avantage dans un combat, mais c'est surtout la résistance mentale et physique qui pourra nous permettre de tenir un combat de plusieurs minutes sans perte d'efficacité. Un bon combattant peut perdre un combat contre un adversaire moins habile, mais plus résistant. Cet aspect force, sous-entend également un corps sans handicap physique. On ne verra pas un kick-boxeur professionnel ayant un bras ou une jambe en moins. Ce qui ne veut pas dire qu'une personne amputée ne pourra pas faire d'art martial, loin de là, elle peut même atteindre le stade de la maîtrise, mais au niveau du premier triangle elle est défavorisée. Pour l'art martialiste accompli du premier triangle, il est primordial de rester au sommet de sa force, son efficacité en dépend. On peut résumer en disant que l'art martialiste doit apprendre à développer le plein potentiel de son corps.

> ***S'ils ont à intervenir avec un individu qui vient de sortir de prison, il y a de fortes chances qu'il soit plus en forme qu'eux.***

Lorsque j'enseigne à des gens œuvrant dans le domaine de la sécurité, je m'assure de leur faire comprendre l'avantage d'une bonne forme physique. Je donne souvent comme exemple que s'ils ont à intervenir avec un individu qui vient de sortir de prison, il y a de fortes chances qu'il soit plus en forme qu'eux. En milieu carcéral, ils mangent de façon très équilibrée, les repas étant généralement conçus par des professionnels de la nutrition. Ils ont également accès à de l'équipement d'entraînement. Comme s'entraîner est l'un des loisirs les plus accessibles, les gens qui sortent de prison sont souvent plus musclés que lorsqu'ils y sont entrés. Pour un intervenant en sécurité qui ne possède pas les techniques adéquates pour compenser son manque de forme physique, il y a de fortes chances que son intervention se termine par des blessures autant pour lui que pour la personne qu'il tente de contrôler.

Malheureusement, on oublie trop souvent lorsque l'on travaille à la formation du corps que chaque art martialiste est un individu différent. Il n'a pas la même morphologie que son professeur ou que le créateur du style qu'il pratique. Chaque étudiant devrait donc apprendre à adapter l'art martial à son propre corps. Le but n'est pas de devenir Bruce Lee, mais d'amener son corps à pouvoir donner 100 % de sa capacité.

Maximiser son corps sous-entend une bonne hygiène de vie. Si vous brûlez la chandelle par les deux bouts, il est certain que votre endurance s'en trouvera diminué. Même chose avec l'alimentation. Une alimentation riche en gras et en calories nuira à votre capacité physique. Si l'alcool et la cigarette sont des problèmes, il est certain que le corps ne pourra performer à son maximum. Lorsque l'on s'entraîne aux arts martiaux, l'exécution des techniques passe par notre corps. Si l'on peine à respirer après avoir fait quelques mouvements, ou si l'on ne possède aucun sens de l'équilibre, nécessairement nous serons moins efficaces. Lorsque l'on choisit de pratiquer un art martial, il faut prendre conscience de l'effort que va demander cette nouvelle discipline. On doit se poser les bonnes questions. Est-ce que je suis prêt à faire d'énormes efforts physiques, à me taper un nombre incroyable de pompes et de redressements dorsaux ? Si la réponse est non, il faut orienter son choix vers une école qui laisse ce type de mise en forme à la discrétion des étudiants.

Dans les arts martiaux comme dans la vie, le choix de nos actions se fera selon la réalité de notre capacité. Il est assez rare de voir un homme handicapé d'un bras travaillé avec un marteau piqueur dans le domaine de la construction. Une personne frêle aura avantage à trouver un autre emploi que celui de transporter des poches de béton. Notre corps physique nous oblige à diverses restrictions, à connaître nos limites et à devoir s'adapter en conséquence. Même si le travail n'est pas exigeant physiquement, un manque d'endurance peut avoir des répercussions directes sur la qualité du travail. Je serais craintif d'être opéré par un médecin exténué ou qui tousse constamment en tenant le scalpel. Dans la vie comme dans les arts martiaux, il faut savoir choisir les options qui correspondent le mieux à notre capacité. L'âge est un facteur important pour faire ce type de choix.

On n'offrira pas le même rendement à cinquante ans qu'à trente ans. Avec les années, on doit pouvoir regarder la réalité en face et être conscient de la diminution de notre potentiel physique. Les options seront différentes. En choisissant les bons, notre qualité martiale continuera de s'améliorer tout au long de notre vie.

La vitesse

La troisième facette de ce premier niveau est la vitesse. C'est une nécessité pour pouvoir faire bonne figure lorsqu'on pratique des arts martiaux à l'échelon du premier triangle. Beaucoup d'écoles font des jeux de réflexe, des exercices de blocage intensifs ainsi que différents conditionnements physiques permettant d'accroître cet aspect. À ce stade de l'entraînement martial, on cultive la vitesse de frappe, la vivacité d'esquive, les déplacements adéquats, la façon officielle d'exécuter les techniques et trop souvent, l'empressement de passer des ceintures. La rapidité est devenue un atout recherché des arts martialistes modernes. Il suffit d'observer tous ceux qui se chronomètrent à l'aide d'un radar pour satisfaire ce besoin d'être plus vite que les autres.

La vitesse n'est cependant pas l'apanage de tout le monde. Certains ont des muscles pour travailler en vitesse, d'autres en endurance. Il faut être conscient de ses limites et choisir son art martial en fonction de cette évidence. Il n'est pas rare de voir des pratiquants qui sont extrêmement rapides, mais dont les coups frappés ont peu ou pas de puissance. On oublie les besoins de la réalité au détriment du spectaculaire.

> ***Enchainer plusieurs frappes en quelques secondes permet d'accumuler plus de points.***

Si l'on fait de la compétition sportive, la vitesse se révèle un atout majeur. Pouvoir donner un coup de poing en une fraction de seconde permet de se rapprocher davantage du trophée tant convoité. Enchainer plusieurs frappes en quelques secondes permet d'accumuler plus de points. Être capable d'esquiver et de devenir presque intouchable, assure une première place lors des tournois.

La vitesse est intimement liée à la maîtrise de la respiration. Pouvoir coordonner adéquatement l'expiration et les muscles des bras ou des jambes, permet d'acquérir beaucoup plus de rapidité. Elle est également liée au bon positionnement du corps.

Un coude trop sorti, un genou mal aligné et vous venez de faire chuter votre vitesse de manière significative. Apprendre à bien se positionner devrait être une priorité pour celui qui a besoin d'utiliser des mouvements rapides.

La vitesse est également nécessaire dans notre vie courante. Dans la plupart des emplois, des échéances sont exigées pour compléter certaines phases du travail. Si vous travaillez sur une chaîne de montage et que vous ralentissez tout le monde, il y a peu de chance pour qu'un employeur vous garde à ce poste. Que ce soit pour le médecin qui doit passer un certain nombre de patients par jour, ou opérer rapidement pour que le malade survive ou tout simplement pour le laveur de vaisselle, un certain rendement sera exigé.

Les trois facettes

On retrouve à l'intérieur de ce premier triangle tous les critères nécessaires à un art martialiste qui veut performer en compétition. Ces critères sont suffisants pour évoluer dans un système d'art martial occidentalisé, un système basé sur la concurrence. Les sports de combat représentent un marché lucratif. La technique, la force et la vitesse sont des éléments qui suffisent amplement pour ce type de pratique martial. Que reste-t-il de plus à rechercher?

   On a toujours dit qu'un bon art martialiste se doit d'être équilibré pour obtenir le maximum de performance. Mais où se situe cet équilibre et quels sont les critères le déterminant? Et surtout, à quel niveau se situent ces critères par rapport aux besoins d'un art martialiste qui recherche la maîtrise? Chaque côté du triangle reflète un aspect que nous avons à travailler à ce stade de notre évolution.

   Un bon art martialiste débutant se doit de développer ces trois aspects de façon à faire ressortir le meilleur de son potentiel. Un combattant dont la base technique serait inférieure de beaucoup aux deux autres aspects du triangle ne pourrait rivaliser contre un guerrier équilibré. Face à une attaque de rue qu'il n'aurait pas apprise, l'hésitation due à un manque de technique lui serait fatale. Un angle différent d'attaque au couteau, la vitesse et la force ne suffiraient plus. Le manque d'endurance ou le manque de vitesse peuvent aussi coûter la victoire ou même la vie si elle est en jeu.

   Prenons un exemple simple. Si la technique et la vitesse sont bonnes, que se passe-t-il si l'on n'a aucune résistance physique? Qui se sentirait d'attaque pour gagner un championnat important si toute l'énergie du corps est drainée par une vilaine grippe. Est-il réaliste de penser gagner un combat de rue si au premier coup de poing reçu aux côtes, on a peine à reprendre son souffle? On comprend ici l'importance d'avoir des triangles aux côtés égaux. Que se passerait-il pour notre champion si on le ralentit d'un lourd manteau d'hiver contre une attaque au couteau ? Sa vitesse ainsi diminuée pourrait-elle être comblée simplement par la technique et la force ?

On comprend aisément que le mot d'ordre est « équilibre ». Les excès sont à éviter tout autant que les manques. Les muscles plus développés le sont trop souvent au détriment de la flexibilité. Une trop grande rapidité amène parfois à réagir sans réfléchir. Un bon combattant pourra tirer avantage de cette lacune. Si votre dextérité ne repose que sur les techniques, en situation réelle, il est peu probable que vous puissiez réagir efficacement à un type d'agression que vous n'avez pas appris.

Et vous, est-ce que votre entraînement se fait dans l'excès ?

Les mandalas tibétains

Nos précédents triangles ont jeté les balises d'un cheminement pouvant conduire à une certaine maîtrise des arts martiaux. Mais avant même de commencer le travail d'apprentissage des triangles, il faut prendre conscience de notre personnalité martiale. Quels sont nos points forts et quels sont nos points faibles dans l'apprentissage des arts martiaux ? Les arts martiaux sont des outils extraordinaires pour nous permettre d'évoluer. Mais avant de pouvoir utiliser ces outils à leur plein potentiel, nous devons faire un travail sur nous-mêmes.

Les mandalas tibétains nous enseignent que quatre aspects principaux doivent être développés pour faire de nous des arts martialistes accomplis. Quatre facettes nécessaires afin d'accéder sainement à un niveau supérieur des arts martiaux. Il est intéressant de noter que ce concept ne s'applique pas qu'aux arts martiaux. On peut l'appliquer au travail et à plusieurs autres aspects de notre vie quotidienne.

Nous sommes le point central de ces quatre aspects. Tout au long de ce chapitre, on ne parlera pas d'éléments ou de personnes extérieures qui nous corrigent et qui nous guident, mais bien de notre capacité personnelle à s'autogérer, à s'autocritiquer. Nous sommes le centre de notre univers. La personne la plus importante de notre microcosme devrait être nous-même. Non dans un but égoïste, mais avec l'idée que si, l'on veut aider les autres, il faut être bien dans notre peau et être au maximum de notre capacité. Vous aurez beau penser que la personne la plus importante est l'être aimé, si vous êtes incapable de vous respecter, comment voulez-vous que l'on vous respecte ?

> *Dojo : Lieu où on pratique la voie. La voie se pratique partout 24 h sur 24.*

Les quatre aspects de personnalité que nous allons étudier ne doivent pas se limiter uniquement à notre apprentissage martial en dojo. Notre quotidien doit alimenter notre formation martiale, on ne doit pas se contenter de l'entraînement en dojo. Le vrai guerrier possède le monde comme dojo. Il ne faut pas oublier la signification du mot dojo : Lieu où on pratique la voie. La voie se pratique partout 24 h sur 24. Ici, l'honnêteté est de mise. Cet exercice de réflexion nous permet de prendre conscience des outils que nous devons acquérir si nous voulons développer notre plein potentiel.

Cette prise de conscience est un travail facile à faire. Le plus difficile restera sans doute d'apporter les corrections nécessaires à nos faiblesses. L'être humain tend naturellement vers la loi du moindre effort. La compréhension de cet enseignement passe obligatoirement par une phase où il faut apprendre à se botter le derrière. Personne ne peut faire ce travail de réorganisation à notre place.

Ce thème est divisé en quatre volets. Nous y parlerons de notre capacité à être un bon étudiant, de l'importance de développer notre tempérament professeur, de la manière dont on peut exécuter les techniques et finalement de notre créativité en ce qui concerne le *budo*.

L'étudiant

Notre première responsabilité en tant qu'art martialiste est liée à l'apprentissage. L'étudiant qui est en nous a le devoir d'enrichir nos connaissances, de classifier tout ce que nos professeurs nous enseignent. Il lui incombe la tâche difficile de nous discipliner à nous rendre à nos entraînements, même si le cœur n'y est pas toujours. Il doit nous donner le goût d'acquérir de nouvelles connaissances, nous donner la soif des découvertes. Maître Masaaki Hatsumi disait « Le jour où quelqu'un cesse d'apprendre, il est mort. » On ne parle pas ici de mort physique, mais d'une stagnation où l'on a cessé de prendre part à l'évolution de notre être, on ne fait qu'exister.

L'étudiant qui est en chacun de nous a la responsabilité de tout l'apprentissage que nous pouvons assimiler.

Notre aspect étudiant doit nous amener à amasser le maximum de connaissances, de façon neutre, sans aucune discrimination possible. Que l'on aime ou pas ces nouvelles acquisitions n'est pas important. Tous les gens d'expériences dans les arts martiaux vous diront qu'ils adorent maintenant certaines techniques qu'ils ont détestées durant des années. Malheureusement, la compréhension des techniques ne suit pas toujours le rythme de l'acquisition. Le tri des informations pourra se faire plus tard. En résumé, l'étudiant qui est en chacun de nous a la responsabilité de tout l'apprentissage que nous pouvons assimiler. Il est la soif de connaissances, ce goût de la découverte qui est essentiel si l'on veut continuer à évoluer. L'ennui avec notre aspect étudiant est qu'il est très souvent paresseux, ou qu'au contraire, parfois il a tendance à vouloir acquérir plus de matière qu'il est capable d'en assimiler.

L'étudiant a, jusqu'à un certain point, la responsabilité de nos relations avec les autres pratiquants d'arts martiaux. Les ceintures noires ont souvent tendance à vouloir montrer leurs compétences plutôt que d'écouter humblement ce que les autres ceintures noires ont à dire. La ceinture noire qui a un bon aspect étudiant n'éprouve pas le besoin de démontrer ses qualités d'art martialiste, il ne ressent pas le besoin de prouver ses capacités. Il échange en prenant conscience que même s'il connaît les mêmes choses que la personne avec laquelle il discute, elle peut lui apporter un point de vue qu'il n'avait jamais réalisé auparavant, une vision d'un angle différent qui lui permettra d'évoluer un peu plus. Il est à l'affût du moindre secret qui pourrait le faire progresser.

J'ai un grand nombre d'étudiants qui cumulent deux emplois pour pouvoir se payer des cours et des séminaires. Ils ont fait ce choix.

On reconnaît souvent le bon étudiant à sa soif discrète d'apprendre, à sa patience et à son assiduité en dojo. Il laissera rarement tomber l'entraînement au profit de festivité entre amis. L'étudiant a pour devoir de trouver la motivation nécessaire afin d'aller chercher la connaissance là où elle se trouve. La personne à l'aspect étudiant faible trouvera toutes les excuses possibles. « Je ne peux suivre de cours je n'ai pas d'argent. » Ceci peut être une bonne excuse. Mais la personne qui est motivée prendra les moyens nécessaires pour arriver à ses fins. J'ai un grand nombre d'étudiants qui cumulent deux emplois pour pouvoir se payer des cours et des séminaires. Ils ont fait ce choix. Lorsque vient le temps de choisir entre le prix de quelques bières entre amis et un cours qui se présente à nous, notre aspect étudiant prendra sa décision en fonction de ce qu'il juge le plus important. Peut-être choisira-t-il d'aller prendre une bière, mais l'art martialiste qui possède un aspect étudiant développé, ne se plaindra pas si son manque d'argent vient de ce type de décision. Il a fait un choix, il en est conscient.

Notre aspect étudiant est notre soif d'apprendre. C'est cette facette qui va nous permettre de briser les distances. Les deux premières années de mon entraînement en ninjutsu, je devais faire 450 km à l'aller et 450 km au retour pour pouvoir rencontrer mon professeur. Je faisais ce voyage deux fois par mois pour assister à quelques heures de formation. Je peux vous dire que je ne suis pas le seul dans cette situation, loin de là. Il est étonnant de voir ce que certains font comme effort. J'ai un étudiant qui vient au dojo aux deux semaines. Il fait plus de 300 km aller-retour chaque fois. J'ai quelques étudiants dans cette situation.

Aujourd'hui, pour continuer d'évoluer, je dois me payer le voyage au Japon deux fois par année. J'ai probablement la voiture la plus délabrée du dojo sinon de la ville. C'est un des sacrifices que je consens à faire pour pouvoir continuer de progresser.

Dans la vie normale, notre aspect étudiant nous permet de nous maintenir à jour avec les nouvelles technologies. Il y a peu de domaines qui n'évoluent pas de nos jours. Durant des centaines d'années, les livres ont été imprimés de la même manière. Ce temps est révolu. Le papier que l'on jugeait indispensable n'est plus nécessaire pour coucher les précieux écrits. Même dans des métiers aussi traditionnels que la boulangerie, notre aspect étudiant est sollicité. De nouvelles façons de faire le pain où des recettes différentes doivent être créées afin de faire face à la concurrence. Il y a peu de travail qui ne nécessite pas de nouvelles acquisitions de connaissances. Développer son aspect étudiant nous permet de nous maintenir à jour dans ce flot continu d'informations. On peut résumer en disant que notre aspect étudiant est le collectionneur de techniques. La partie en nous qui a soif d'acquérir de nouvelles techniques et de posséder de nouveaux *katas*. Sans cet aspect, c'est la stagnation. Dans un contexte compétitif, on peut dire que si l'on cesse d'apprendre on se fait dépasser par les autres, ceux qui ont continué d'acquérir de nouvelles techniques.

Même si l'on monte en grade, on ne doit jamais négliger cette facette de notre personnalité martiale. Lors de certaines rencontres nationales, plusieurs instructeurs, dont je fais partie, ont le privilège de partager leurs enseignements. À tour de rôle, on occupe la scène pour démontrer nos connaissances. Lors de ces rencontres, il n'est pas rare de voir certains de ces professeurs se tenir debout le long des murs plutôt que de profiter de l'occasion pour s'entraîner. Un aspect étudiant bien développé devrait nous permettre de passer par-dessus un égo bien développé. Certains qui ne connaissent pas la technique en profitent même pour aller corriger les étudiants plutôt que de saisir cette opportunité d'entraînement. Lorsque je vais au Japon avec mes étudiants, je ne les corrige pas. Je suis là comme étudiant et non comme professeur. Mon travail d'étudiant consiste à y acquérir de nouvelles connaissances et j'adore apprendre. Et vous, avez-vous toujours le goût d'acquérir de nouvelles connaissances ?

Le professeur

Notre aspect professeur est celui qui enseigne à autrui, mais surtout à nous-mêmes. Donc on ne parlera pas de connaissances que l'on transmet à d'autres, mais de notre capacité de digérer, d'analyser et d'interpréter l'information reçue. Le professeur a pour mandat de comprendre les techniques afin d'éviter la robotisation mécanique ou la mauvaise interprétation des mouvements. Comme professeur, nous devons veiller à corriger toutes les erreurs qu'il pourrait y avoir au travers des connaissances que notre aspect étudiant accumule. Il a la responsabilité de la compréhension globale de ces techniques, ainsi que de la façon dont elles peuvent être adaptées pour le corps que nous possédons. Le professeur est également celui qui décidera du choix des techniques à utiliser ou à optimiser. Celles qui peuvent permettre à l'art martialiste d'obtenir son potentiel maximal et de survivre dans toutes les circonstances. Une qualité essentielle au professeur est de posséder un bon jugement.

Le premier travail important de notre aspect professeur est sa capacité à trier les informations. Et ça débute avec la reconnaissance d'une bonne école. Choisir l'école qui nous fera le plus évoluer n'est pas toujours facile. Lorsqu'il devient expérimenté, notre aspect professeur devrait nous permettre de voir rapidement ce qui est tape-à-l'œil et inefficace martialement parlant. Il devrait nous laisser entrevoir les trésors cachés que peut renfermer une école, lorsqu'il y en a. C'est également notre aspect professeur qui nous fait comprendre qu'il est temps d'aller voir ailleurs si l'école que l'on fréquente ne nous offre plus de possibilité d'amélioration. Beaucoup de pratiquants stagnent depuis plusieurs années et ne le réalisent pas. Comme ils continuent d'acquérir de nouvelles techniques qu'ils réussissent à bien mémoriser, ils ont l'impression d'évoluer alors qu'au niveau de leurs compétences, ils sont au même stade depuis longtemps.

Son sens développé de la réalité permet à l'adepte d'arts martiaux d'identifier toutes les sources d'apprentissages qui passent souvent inaperçues la plupart du temps. À cette étape, il choisit les modes d'entraînements nécessaires à la bonne évolution martiale du pratiquant. Le professeur est celui qui a la maturité. Il a la responsabilité du bon fonctionnement du corps physique du pratiquant. Il veille à une saine alimentation, à un mode de vie qui favorise le plein épanouissement de l'être. Il est responsable de maintenir un bon équilibre psychologique et émotionnel. Une partie de son travail consiste à voir si l'entraînement qu'il fait est réaliste pour sa capacité physique. Si cet entraînement n'amène pas à long terme des séquelles irréparables. De nos jours, peu d'arts martiaux laissent des bleus, mais beaucoup laissent des séquelles sans qu'on le réalise sur le moment.

Attention de ne pas confondre le vrai professeur de celui qui ne fait que photocopier.

Celui qui a un bon aspect professeur est capable de découvrir les facettes cachées des katas ou des techniques léguées par les vieux maîtres. Il a la capacité de lire entre les lignes. Attention de ne pas confondre le vrai professeur de celui qui ne fait que photocopier ce qu'il a appris sans comprendre toute la richesse de ce qu'il a entre les mains. Celui qui enseigne sans avoir développé son aspect professeur ne fait qu'amener l'étudiant à imiter ses techniques. On revient à la vieille histoire de la dame qui coupait son jambon en deux pour le faire cuire. Quand on lui demandait pourquoi elle le coupait en deux, elle répondait qu'elle avait toujours vu sa mère faire de la sorte. La mère elle-même donnait la même réponse croyant ajouter ainsi du goût au mets lors de la cuisson. Lorsque l'on posa la même question à la grand-mère, elle répondit simplement que lorsqu'elle était jeune, son chaudron était trop petit pour faire cuire le jambon en entier et que c'est pour cette raison qu'elle devait le couper en deux. Elle avait simplement transmis son habitude à sa fille qui a repris le rituel sans se poser la moindre question.

Naturellement, notre aspect professeur fait en sorte que l'on apprend de nos erreurs. C'est également lui qui nous donne la soif de comprendre comment ça marche. Dans les arts martiaux comme dans la vie, comprendre le fonctionnement des choses peut nous permettre d'éviter de désagréables surprises. Dans le cadre de votre travail, si une personne vous enseigne de nouvelles techniques, vous aurez peut-être à remettre en question la pertinence de ces récents procédés. Peut-être qu'ils ne peuvent s'appliquer en totalité à votre type d'emploi. C'est votre aspect professeur qui aura le travail d'évaluer les pour et les contre. Plus que jamais l'être humain doit apprendre à s'adapter.

Il y a de plus en plus de nouveaux arts martiaux, des techniques souvent dangereuses à utiliser en situation réelle. Il faut apprendre à se poser les bonnes questions sur la pertinence de ces méthodes. Si par exemple vous descendez un genou au sol pour éviter un crochet et que vous placez votre visage à quelques centimètres du genou de votre adversaire, ne croyez-vous pas que ce n'est peut-être pas une si bonne idée de l'exposer ainsi ? J'ai déjà vu un reportage où un pseudo maître d'art martial montrait à neutraliser une attaque au couteau à l'aide d'un coup de pied en crochet. Le seul « petit » problème, c'est que la lame passait à un centimètre de l'artère fémorale. Si cette artère est sectionnée, la perte de conscience se fera dans un délai de moins de 90 secondes. Deux minutes de plus et c'est la mort. C'est irresponsable d'enseigner de telles techniques. À qui appartient la faute d'enseigner une technique aussi dangereuse ? À l'aspect professeur qui était visiblement déficient chez cet instructeur. Ce manque de jugement débouche sur de l'inconscience. Il appartient donc à ses étudiants d'avoir un esprit professeur suffisamment développé afin de voir les pour et les contre de ces enseignements.

Je dis fréquemment à mes étudiants de ne pas croire tout ce que j'enseigne ou qu'un autre professeur enseigne. Je leur dis de bien observer, d'analyser et de juger du réalisme et de la pertinence de la technique. En agissant avec eux de cette façon, cela les oblige à voir le réalisme et la logique du matériel qu'ils acquièrent. L'aspect professeur nous permet de réagir rapidement lors de situations nouvelles. Il faut apprendre à s'adapter rapidement, mais pas de n'importe quelle façon. Apprenez à analyser chaque technique, à en voir le réalisme en situation de combat. À percevoir les failles qui peuvent faire en sorte de vous faire perdre le combat et de mettre votre vie en danger. Dans un grand nombre de techniques, on présume que nos frappes feront le travail et l'on a tendance à négliger les contre-attaques de l'adversaire. Un bon aspect professeur permet de voir toutes les possibilités de l'attaquant.

Devenir un bon professeur est quelque chose qui s'acquiert avec le temps. La première étape pour y arriver passe par la prise de conscience des techniques et du matériel que l'on emmagasine. C'est un exercice constant qui doit se faire pour chaque nouvelle technique que l'on exécute. Alors, avez-vous la capacité de déceler une technique qui peut être dangereuse pour votre sécurité ?

L'exécutant

Une compréhension intellectuelle des techniques n'est pas suffisante pour assurer notre protection dans la réalité de la rue. Notre mode exécutant est celui qui met en œuvre toute l'information accumulée. C'est cet aspect qui a le mandat de mettre en application tout ce que l'on a appris. Son efficacité est directement rattachée aux autres aspects. L'exécutant est celui qui pourra performer aussi bien en compétition que dans la rue. Il est également celui qui, à l'occasion, pourra activer les autres aspects par son insatisfaction ou sa soif d'amélioration, si cet aspect est suffisamment développé.

Son efficacité est directement liée à l'entraînement du corps. Avec le professeur il sera chargé du bon fonctionnement du corps physique. C'est également lui qui pourra, par exemple, appliquer avec efficacité une technique de point de pression exigeant force et précision. Il a le devoir d'essayer de développer une dextérité qui soit digne d'un chirurgien. Le bon exécutant est celui qui donnera suffisamment de confiance à l'art martialiste afin que cette confiance impressionne l'adversaire au point qu'il n'ait plus envie de se battre.

L'exécutant est également la facette de notre personnalité qui doit apprendre à gérer les douleurs. C'est lui qui va nous permettre de continuer à nous défendre en cas de coups douloureux aux partis ou ailleurs. Il y a une énorme différence entre recevoir un gant de boxe à la figure et recevoir un poing nu sur le nez. Si vous n'êtes pas psychologiquement préparé à passer outre de telles douleurs, il est probable que vous perdiez plusieurs de vos combats dans la rue.

C'est à travers la patience que le premier travail de notre aspect exécutant doit se développer. Il doit accepter de faire de nombreuses répétitions du même mouvement afin de créer les automatismes adéquats. C'est également lui qui doit apprendre à accepter les courbatures et les coups douloureux dus à un entraînement parfois abusif. Il accepte d'avoir les jointures écorchées lors de techniques de frappes répétées.

Mais de concertation avec l'aspect professeur, il n'acceptera jamais de laisser son corps s'handicaper sans espoir de retour. Il doit développer cette conscience des limites que son corps peut endurer.

> *L'exécutant possède une propension naturelle à se laisser dominer par des émotions comme la colère, l'agressivité ou le découragement.*

L'exécutant a également la responsabilité d'apprendre à gérer le grand nombre d'émotions différentes que lui envoie son maître, l'art martialiste qu'il a pour devoir de servir. Il doit constamment consulter l'aspect professeur afin d'être en mesure d'utiliser les techniques adéquates selon les émotions du moment. L'exécutant possède une propension naturelle à se laisser dominer par des émotions comme la colère, l'agressivité ou le découragement. Il faut apprendre à déceler ces émotions qui peuvent générer un comportement inadéquat lors d'une confrontation physique.

L'exécutant est celui qui aura à gérer les bons angles, à évaluer la bonne distance, et à trouver le bon synchronisme. C'est son travail de faire en sorte que l'enveloppe physique qui nous sert de corps gagne le combat. En accumulant de l'expérience, il apprendra à évaluer instantanément toute une série de paramètres. Plus cette expérience augmentera et plus l'exécutant devient confiant. Il ne faut pas que cette confiance devienne un piège. L'exécutant a parfois tendance à surestimer sa capacité.

L'exécutant a également pour tâche de s'adapter au vieillissement du corps. Il devra adapter son entraînement et ses techniques au fur et à mesure que le poids des années se fera sentir. S'il garde un œil attentif à cette réalité, il pourra alors continuer de s'améliorer tout au long de son mandat. Il devra apprendre à fonctionner en suivant les indications que lui offre le schéma des trois triangles. S'il demeure au stade du premier triangle, le découragement pourra mener à l'abandon des arts martiaux.

Le nouvel appareil que vous avez acheté possède un manuel. L'avez-vous lu ? L'exécutant est parfois pressé. C'est probablement lui qui fait en sorte que vous n'avez pas le goût de lire les manuels d'instructions lorsqu'il y en a. Un exécutant paresseux fera en sorte de se tenir debout le long des murs lorsqu'il y a des séminaires importants. Il agira en observateur plutôt qu'en participant actif. Dans la vie, l'exécutant est celui qui prendra les mesures nécessaires pour mener différents projets à terme. Beaucoup de gens ont des idées géniales, mais lorsque vient le temps de faire un effort pour mettre sur pied la compagnie et les structures nécessaires pour l'accomplissement de l'idée, ces gens se désistent. La tâche paraît difficile et fatigante, on laisse tomber.

Et vous, aimez-vous vous entraîner jusqu'à ce que votre corps crie pitié ?

Le créateur

À partir de toutes ces données, il est permis de commencer à développer de nouvelles techniques, de nouvelles connaissances qui pourront à leurs tours être enseignées et léguées aux autres arts martialistes. Cet aspect permet aux autres facettes de s'épanouir en leur fournissant de nouvelles données. Souvent, cet aspect permettra de rompre la monotonie d'un entraînement en solitaire. Dans les temps anciens, souvent, le maître du style donnait son approbation à l'élève qui était prêt. «Maintenant, tu as atteint un niveau de connaissances suffisant pour créer ton propre style». L'élève quittait le dojo et partait à l'exploration du monde. Il prenait le temps de comprendre, d'observer la nature et les hommes. Il réfléchissait à tout ce qu'il pouvait utiliser pour laisser libre cours à son esprit en quête de nouvelles connaissances.

En plus d'inventer, le créateur est celui qui pourra trouver de nouvelles applications aux techniques contenus dans les katas traditionnels. Il pourra aider à concevoir de nouvelles formes d'entraînement afin de répondre aux besoins toujours plus exigeants de l'exécutant. Le créateur est capable d'admirer et d'apprécier le travail fait par les autres arts martialistes.

Mais attention! Le créateur est peut-être l'aspect le plus sournois des quatre. Ça semble si facile de créer une technique. Il n'est pas rare de voir des arts martialistes créer leur propre style après seulement une dizaine d'années d'expérience ou moins. Il faut que la technique mise sur pied par notre aspect créateur nous permette d'évoluer, de nous améliorer. Il faut également qu'elle soit logique et réaliste en situation réelle. On ne fait pas de nouvelles techniques pour le plaisir de créer. Si la technique créée n'est rien d'autre qu'une technique de plus à mémoriser et qu'elle ne nous permet pas d'améliorer notre qualité martiale, est-ce qu'elle vaut vraiment la peine d'exister?

Si notre aspect professeur n'est pas développé, c'est n'importe quoi qui sera créé. Il y a déjà beaucoup trop de coquilles vides dans les arts martiaux, des techniques qui sont complètement inutiles.

Si vous êtes incapable de réussir ce test, vous venez de perdre votre crédibilité.

Par exemple, lorsque je donne un séminaire de défense contre couteau à un groupe d'intervenants en sécurité, je me garde une vingtaine de minutes à la fin pour demander aux gens s'il y a un type d'attaque en particulier que nous n'avons pas vu et qu'ils aimeraient voir. Le temps de me rendre au centre du groupe, je dois trouver et créer une technique permettant de répondre au besoin de ces gens. Si la technique est ridicule, inefficace ou simplement dangereuse pour celui qui l'exécute, je perds instantanément ma crédibilité. Dans ce domaine, la crédibilité est ce qu'un instructeur possède de plus cher. Généralement, dans ces séminaires, l'instructeur se fait tester par les participants. Si vous êtes incapable de réussir ce test, vous venez de perdre votre crédibilité. L'aspect créatif nous permet de nous adapter à des situations que nous ne connaissons pas. Pour arriver à générer de telles solutions, il faut référer au niveau du second triangle. Si tout notre savoir n'est basé que sur la mémoire, il devient difficile de s'adapter à de telles demandes spéciales.

Pour plusieurs personnes, créer devient une valorisation. Un petit plus afin d'aider un égo qui est peut-être complexé. Il ne faut pas oublier que l'on ne réinventera pas la roue. Il y a des milliers d'arts martialistes qui sont passés avant nous. Dans la plupart des cas, on ne fait que redécouvrir ce qui s'enseigne probablement dans un autre art martial. Donc attention avant de vous enorgueillir et de dire que vous venez de révolutionner l'univers des arts martiaux. Il y en a d'autres qui ont vu passer l'eau sous les ponts avant vous. C'est cet aspect qui, dans la vie, nous permet de nous adapter. C'est par le biais de ce concept de créativité que l'on peut trouver des idées pour contrer la concurrence ou attirer une nouvelle clientèle. Un problème survient à votre travail ? Si la solution ne se trouve pas dans les manuels, vous devrez l'inventer. L'être humain est parvenu à ce stade en apprenant à s'adapter et en innovant dans tous les domaines. Les mots à se souvenir : « logique » et « réalisme ».

Et vous, avez-vous déjà tenté de trouver de nouvelles formes d'entraînement ou des façons différentes d'utiliser les techniques que vous connaissez déjà ?

Un développement en harmonie

L'art martialiste doit chercher à améliorer ces aspects également afin d'être le plus complet possible. Le *kick boxer* est avant tout un exécutant. Bien sûr, son côté étudiant est sollicité, il a d'abord enregistré et ensuite mis en pratique tout ce que son entraîneur lui a enseigné. Mais si son propre aspect professeur est développé, il pourra s'adapter au moment même où le combat a lieu. Si cet aspect n'est pas développé, ça sera alors après le combat, avec l'aide de son entraîneur, qu'il cherchera à comprendre ce qui n'a pas fonctionné. Son entraîneur supplée à ses aspects professeur et créateur qui sont probablement moins développés. C'est l'entraineur qui verra les points faibles et les nouvelles stratégies à utiliser. Cet entraîneur est peut-être un moins bon exécutant, mais il est capable de voir les points faibles de son poulain et de voir les points forts de ses adversaires. Alors, pourquoi dans ces sports de combat se refuser l'expertise de quelqu'un qui a l'aspect professeur plus développé ?

Qu'advient-il de l'art martialiste lorsque la trentaine est atteinte ? Les autres aspects sont-ils suffisamment développés pour permettre à l'art martialiste d'atteindre un haut niveau ? La compréhension de chacun des quatre aspects nous permet de nous adapter aux changements de la vie. Un accident arrive et vous perdez l'usage d'un bras, ce n'est pas une raison pour vous apitoyer sur votre sort. Vos aspects s'ils sont équilibrés vous permettront de continuer à profiter pleinement des arts martiaux. En ninjutsu, il n'est pas rare de voir des professeurs enseigner malgré une blessure. Le professeur est blessé au bras, pas de problèmes, ce soir on fait des techniques de défense à un bras. Mettez un bras dans votre ceinture tout le monde, vous ne l'utiliserez pas aujourd'hui.

Le karatéka qui a su créer des katas pouvant se classer aisément dans les compétitions a un aspect créateur et exécutant développé. Mais jusqu'à quel point les techniques utilisées dans le kata sont-elles réalistes ? Est-ce que le professeur a eu la compétence de suivre le créateur ? Est-ce que l'étudiant a eu la volonté de faire plus de recherche afin de vérifier la crédibilité de ses techniques ? Ces katas qui peuvent rapporter gloire et trophées en compétition sportive sont-ils réalistes de la rue ? Tant que ces techniques demeurent sur un tatami pour des démonstrations, elles ne feront de mal à personne. Si l'on désire créer des techniques, il est important de prendre conscience des limites de notre création.

On ne devrait jamais prendre comme acquis que le degré que l'on porte à la ceinture est nôtre.

Un grand nombre d'art martialiste resteront des étudiants toutes leurs vies, se contentant de collectionner et d'apprendre le plus grand nombre de techniques possibles, leur permettant de passer des degrés rapidement sans même comprendre 50 % des connaissances qu'ils ont acquis. On ne devrait jamais prendre comme acquis que le degré que l'on porte à la ceinture est nôtre. On devrait plutôt voir cela comme une responsabilité. La responsabilité de valoir le degré que l'on arbore.

Si l'on compare ces quatre aspects aux roues d'une voiture, il faut que les quatre soient de grosseurs égales afin d'aller le plus loin possible. Ces quatre aspects doivent être en harmonie, condition essentielle afin de livrer notre plein potentiel. Il est important, si l'on est honnête envers soi-même, de ne pas se laisser aller au jeu facile de passation de degré si nos quatre aspects ne sont pas équilibrés. En occident, l'aspect étudiant est largement dominant chez les ceintures noires. Malheureusement, l'aspect professeur n'est pas suffisamment développé. Les arts martialistes cumulent *kata* sur *kata*, technique sur technique sans réellement s'occuper de l'aspect réaliste de ce qu'ils collectionnent. J'enseigne régulièrement à des ceintures noires de différents styles et ils sont généralement désarçonnés lorsque je leur pose des questions concernant le matériel de ceinture blanche de leur propre style. Des questions aussi simples que pourquoi est-ce que vous placez votre poing sur la hanche paume vers le haut. Pourquoi passez-vous par tel enchaînement pour vous placer en cavalier ?

Il analyse la technique pour voir si elle est réaliste.

Un bon art martialiste est quelqu'un qui exploite complètement ses quatre aspects. Il apprend une nouvelle technique en l'observant avec attention. Il ne se contente pas de dire « j'ai déjà vu quelque chose de semblable », il dira plutôt, « qu'est-ce qui différencie cette technique de celle que je connais ? ». Il analyse la technique pour voir si elle est réaliste. Il en extrait les points faibles et les points forts. Si la technique ne lui apporte rien, il pourra la rejeter en focalisant son attention sur des points plus importants. Il refait la technique en l'adaptant pour la réalité de son propre corps. Il observe comment il peut l'utiliser en situation réelle. Est-ce que la technique semble naturelle à exécuter ou si au contraire, il doit faire preuve d'une dextérité qu'il ne possède pas pour l'utiliser ? Il regarde s'il peut l'améliorer ou lui faire des variations dans le but de varier son entraînement. Bref, il réfléchit...

Deuxième triangle

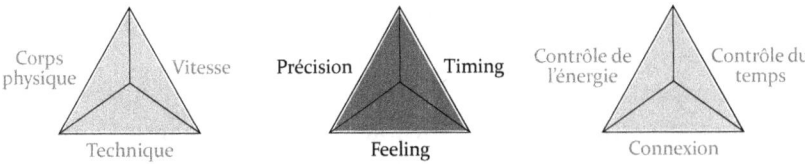

Un niveau plus avancé
On peut comprendre l'importance d'avoir l'équilibre le plus parfait possible pour performer au maximum. Une condition physique optimale, arriver à développer de la vitesse et maîtriser le plus de techniques possible, sont les pierres angulaires des arts martiaux, tels que pratiqués en Occident depuis plusieurs années. Mais ce triangle, bien que judicieux, n'en demeure pas moins qu'une simple référence de base, un triangle que l'on pourrait facilement comparer à une marchette pour bébé, car à ce niveau, tout ce que nous faisons n'est que d'apprendre les premiers balbutiements des arts martiaux traditionnels.

Si l'on considère que ce premier triangle n'est qu'un premier pas, on doit être conscient qu'un jour, bébé devra apprendre à cheminer sans aide. Il devra faire face à la dure réalité et quitter sa marchette avec toute l'insécurité que cela comporte. Ce premier triangle possède un gros handicap : à trente-cinq ans, il ne fonctionne plus aussi bien. La force diminue, la vitesse ralentit et le temps d'entraînement raccourcit pour raison familiale, professionnelle ou autre, ne favorisant pas l'amélioration de l'art martialiste. Lorsque l'on réalise que la force et la vitesse ont diminué, cette perte de performance devient stressante. Si vous avez plus de trente-cinq ans, comparez le potentiel que vous aviez il y a quelques années avec celui que vous avez maintenant. Bien sûr, il y aura toujours quelques exceptions. Mais pour la majorité des gens, c'est la triste réalité. Pour compenser cette défaillance créée par un système d'art martial sportif, la plupart des arts martiaux ont réagi en incluant une classe trente-cinq ans et plus lors des compétitions tenant pour acquis que le pratiquant approchant la quarantaine ne fait plus le poids contre les plus jeunes. Ceci est exact si l'art martial que l'on pratique n'est orienté qu'en fonction du premier triangle. Mais courage, le premier triangle n'est qu'une étape dont il faut savoir se détacher. Les vrais arts martiaux commencent au niveau du second triangle.

Il est important ici de comprendre que ce triangle ne remplace pas le premier, mais qu'il le complète, qu'il fait partie d'un tout. Les trois triangles sont indissociables même si la plupart des pratiquants se limitent surtout à l'apprentissage du premier. On peut apprivoiser le second triangle, mais la connaissance du premier est une étape essentielle pour une maîtrise complète. Le second triangle n'a rien d'obscur ou d'ésotérique. Il est à la portée de tout le monde, à condition de savoir qu'il existe et d'orienter son entraînement dans cette direction.

La plupart des arts martialistes ont accès un jour ou l'autre à une ou plusieurs facettes du deuxième triangle. Malheureusement, comme l'entraînement n'est pas dirigé en fonction de ce triangle, c'est souvent de façon parcimonieuse que les arts martialistes l'utilisent et très souvent, les gens ne réalisent pas qu'ils ont eu accès à un niveau privilégié des arts martiaux. Pour beaucoup de pratiquants, cet accès à ce niveau supérieur est accidentel. On peut penser ici à la chance du débutant. Pour devenir un bon art martialiste, il faut avoir accès à ce niveau en tout temps, lorsque c'est nécessaire.

Il y a un mot qui revient souvent dans le langage martial japonais, le terme *shizen*. Cette expression désigne ce qui est naturel, ce qui se fait en parfaite harmonie avec la vie et l'univers. Tout doit se faire naturellement, sans forcer, sans provoquer les choses. Le travail du second triangle doit se faire sans stress, sans tension. La vie elle-même est *shizen* et sans cet état d'esprit, un art martialiste limitera toujours son potentiel. Il ne fera que copier et reproduire des mouvements de façon robotisée.

Il nous oblige souvent à faire face à
notre manque de compétence.

Le second triangle a un petit quelque chose de fâcheux. Il nous oblige souvent à faire face à notre manque de compétence. Il nous jette en pleine figure le fait que nous ne sommes peut-être pas un aussi bon art martialiste que nous le pensions. Il remet en cause plusieurs des croyances que nous avons entretenues depuis des années. Dans certains cas, il nous amène à penser que ce que nous avons travaillé depuis des années est parfois une perte de temps. Il ne faut surtout pas le croire. Nous sommes la somme de nos expériences et rien de ce que nous avons fait n'est totalement inutile. Si l'on accepte le fait que l'on connaisse beaucoup de choses et que c'est maintenant le temps d'améliorer l'utilisation de ce que l'on possède déjà, alors, ce second triangle se révélera un précieux allié.

Le *feeling*

Pour le premier aspect de notre triangle, la technique laissera progressivement la place à ce que nous appellerons ici, le *feeling*. Excusez le terme anglais, mais il trouvera ici une meilleure définition que le mot émotion ou sentiment, même si à ce niveau, on doit commencer à inclure nos émotions dans une bonne application des techniques en situation de combat réel.

Lorsque nous faisons face à une situation de rue, plusieurs facteurs sont déterminants pour accéder à la victoire. Lorsque l'on parle de technique, on parle d'un apprentissage au moyen de l'intellect. Notre esprit doit observer la technique enseignée, la comprendre et l'analyser pour ensuite la reproduire avec un maximum d'efficacité. Le premier handicap de cette méthode réside dans le fait que trop souvent, l'élève devient une copie intégrale de son professeur qui est lui-même une copie du sien, ainsi de suite jusqu'au fondateur de l'école. Ce même maître qui a créé son style l'a fait en fonction de sa personnalité, de sa grandeur, de sa souplesse, de son tempérament psychologique, de son émotivité et de plusieurs autres facteurs déterminants pour son efficacité personnelle. Le meilleur exemple demeure Bruce Lee. Il a créé un style pour le surhomme qu'il était. Personne ne s'est vraiment démarqué de ce style. Certes il y a eu Dan Inosanto, mais il s'est fait surtout une réputation grâce au kali philippin. La marche étant trop haute pour suivre les traces d'un Bruce Lee. Le style est efficace, bien fait, mais n'est pas supérieur ni inférieur à la plupart des styles d'arts martiaux que l'on retrouve sur le marché présentement. Je pense qu'on peut dire qu'il est fait à l'image du surdoué qu'était Bruce Lee.

On a que ce qu'on mérite dans les arts martiaux.

Autrefois, les vieux maîtres ne donnaient pas leurs connaissances facilement. Souvent, ils dissimulaient volontairement le sens réel des techniques en les cachant derrière des méthodes de base de façon à ce qu'elle ne soit comprise que par des élèves méritants. L'élève qui n'a pas accès à ces secrets bien gardés ne risquait pas d'être dangereux pour le maître si jamais il décidait de se retourner contre lui. On a que ce qu'on mérite dans les arts martiaux. La confiance se méritait au détriment de longues heures d'entraînement quotidien et après plusieurs années auprès du maître.

Pour être efficace dans la rue, l'étudiant ne doit pas être ralenti par la technique qui risque de l'étouffer. La chorégraphie ne doit pas être robotisée. Elle doit enseigner des principes qui permettent la naissance instantanée de techniques. N'importe quelle ceinture noire qui a eu à se défendre dans la rue vous dira qu'il s'est surtout servi de ses techniques de base pour se défendre parce qu'elles sont devenues naturelles avec les années, plus précises, plus malléables pour des besoins plus spécifiques. Les techniques dites avancées sont rarement utilisées, car elles sont souvent peu naturelles.

La course aux degrés est telle que l'accumulation de *dan* est très fréquemment synonyme de quantification des connaissances. Combien de ceintures noires de sixième ou septième *dan*, ne sont pas plus efficaces qu'à leur *shodan* ? Ils sont tellement occupés à garder leur avance sur leurs élèves au moyen de ce nombre de connaissances, qu'ils n'ont plus le temps de s'occuper de leur efficacité réelle. Leur cerveau est tellement absorbé à assimiler et à mémoriser toutes ces nouvelles données, qu'il ne peut travailler efficacement au niveau du *feeling*. Ils ne font qu'enregistrer mentalement les techniques pour être capable de les refaire tel un film vidéo, sans malheureusement, être apte à comprendre les différents niveaux cachés par les techniques légués généreusement par les vieux maîtres. Le temps que l'on utilise pour mémoriser des techniques n'est pas utilisé pour développer les capacités naturelles du corps.

Le fait de se limiter à la technique oblige l'art martialiste à travailler contre des attaques préparées. Un coup de poing en ligne droite au signal, une attaque au couteau avec trajectoire prédéterminé. Tout l'amène à utiliser son intellect. En période de stress, sur la rue, l'intellect aura tendance à se questionner afin de trouver la meilleure solution sur une attaque qu'il n'a pas apprise. L'art martialiste qui sait bien utiliser le *feeling* se contentera d'attendre calmement, sans chercher à prévoir quelle attaque pourrait survenir. Il ne se surcharge pas l'esprit par des données techniques trop souvent compliquées.

Un bon exemple de *feeling* m'a été donné par une étudiante que j'ai eue dans un de mes cours de Ninjutsu. Alors qu'elle se promenait dans la rue accompagnée d'amis, ils virent un homme qui battait une femme. En voyant la jeune fille et ses compagnons, l'homme sous l'influence de la drogue, s'élança vers celle-ci sans raison et sortit un couteau exécutant vers elle une attaque tailladée. Lorsque la police est arrivée, appelé par des gens qui l'avaient vu battre la jeune femme auparavant, l'homme se trouvait couché sur le ventre sur le trottoir avec une clé de bras dans le dos, maîtrisé complètement par la jeune fille. Lorsqu'on lui demanda comment elle avait fait, elle fut incapable de dire ce qu'elle avait fait ayant agi avec *feeling* et non grâce à son intellect. Elle sut la technique qu'elle avait utilisée seulement plus tard, lorsqu'ayant repris son calme, ses amis lui expliquèrent de quelle façon elle avait procédé. Ses dix mois d'entraînements ne lui permettaient pas une maîtrise totale de la technique. Les automatismes n'étaient pas au rendez-vous. Elle n'avait entrevu qu'une ou deux fois des techniques pouvant déboucher sur la stratégie défensive qu'elle avait utilisée. Son travail au niveau du second triangle lui a probablement sauvé la vie.

Il n'est pas rare de voir une ceinture noire perdre un combat dans la rue parce que son intellect se trouvait en contradiction avec son feeling et surtout son tempérament. Le plus souvent, l'art qu'il a pratiqué durant des années est un art à tempérament agressif, laissant peu de place à l'adaptabilité. Si le pratiquant est de caractère plus défensif, il ne peut performer dans l'agressivité, ceci allant à l'encontre de son tempérament naturel. Au moment du combat, sous l'influence du stress, il y a conflit entre la personnalité du style et sa propre personnalité. Le bagarreur de rue d'expérience lui n'a pas ce genre de conflit si connu des ceintures noires. Il ne se fit qu'à son *feeling* et ne perd aucun temps avec ce type de tiraillement intérieur. Il ne gaspille pas de précieuses secondes à intellectualiser une stratégie basée sur des connaissances stéréotypées.

La technique apprise par cœur perdra de son efficacité avec l'âge. Non que le niveau de compréhension baisse de façon dramatique passée trente ans, mais plutôt parce que le temps d'entraînement baisse suite à des occupations sociales plus importantes. Le pratiquant au-delà de cet âge consacrera plus de temps à son travail, il consacrera également plus de temps à sa famille due à l'apparition d'enfants ou par l'achat d'une maison. À cinquante ans, le pratiquant n'a plus autant le goût d'assimiler de nouvelles techniques, se rendant compte, l'expérience aidant, qu'il n'est pas plus efficace avec l'acquisition de ces nouvelles façons de faire. Il pourra cependant augmenter son efficacité grâce aux connaissances qu'il a déjà acquises. Plus il deviendra libre dans ses mouvements et détachée de l'intellect, plus son efficacité augmentera de façon significative. À ce stade le pratiquant ne doit plus chercher les techniques dans sa mémoire, il doit devenir la technique.

On doit développer l'instinct du guerrier et j'irais même jusqu'à dire, l'instinct du tueur.

À ce stade de notre représentation graphique, on peut également parler d'instinct. On peut parler de l'instinct du choix des stratégies ou du choix des techniques. Mais ça va beaucoup plus loin que ça. On doit développer l'instinct du guerrier et j'irais même jusqu'à dire, l'instinct du tueur. Attention de ne pas confondre agressivité et moyen nécessaire pour assurer sa survie. Il y a déjà eu des cas de policiers décédés parce qu'ils n'ont pas osé utiliser leur pistolet contre un assaillant muni d'un couteau. Ils sont morts poignardés parce qu'ils n'avaient pas la préparation psychologique adéquate pour intervenir. Heureusement, de nos jours, les formations tiennent compte de cette réalité. Lorsque j'enseigne à un groupe de femme, la plupart d'entre elles n'osent pas appuyer fortement les doigts à la trachée de leur partenaire lors de l'entraînement. Il y a un petit côté « peur de générer des douleurs » qui les empêchent d'aller plus loin. Dans une situation réelle, il faut apprendre à maîtriser cette retenue qui pourrait nous être fatale. L'instinct du tueur ce n'est pas de prendre plaisir à tuer. C'est d'utiliser les moyens nécessaires afin d'assurer sa survie. Vous avez trois individus qui s'attaquent à vous avec des battes de baseball. Ce n'est pas le temps de tenter de frapper vos adversaires à l'estomac avec vos poings. Cette procédure est lente, pas très efficace et vous prive partiellement de votre mobilité. Un simple doigt dans l'œil ne demande pas d'effort, se fait rapidement tout en se déplaçant. Le second triangle nous enseigne à accepter cette réalité du combat.

La précision

Dans ce deuxième triangle, on compense la force déclinante du corps par la précision. À ce niveau on n'utilisera plus la technique telle qu'apprise en dojo. On se contentera de quelques brides stratégiques qui composent la technique. On utilisera l'essentiel de la technique en laissant de côté tout ce qui est superflu. Pourquoi donner dix coups de poing alors qu'une simple pression à la trachée est suffisante pour repousser l'attaque ?

Au lieu de simplement bloquer l'attaque pour se protéger, on peut attaquer le bras qui menace, on peut lui causer de la douleur.

Cela permet d'avoir un système de défense qui n'est pas toujours élégant, mais qui fonctionne étonnamment bien en situation de stress. Lorsque l'on bloque une attaque, on se contente trop souvent de simplement arrêter cette dernière. Si l'on travaille avec précision et finesse, ayant bien assimilé notre technique, on se rend compte alors que l'on peut ralentir l'agression simplement, sans dépense d'énergie inutile, tout en diminuant nos risques de blessures. Au lieu de simplement bloquer l'attaque pour se protéger, on peut attaquer le bras qui menace, on peut lui causer de la douleur. Il est possible de neutraliser cette agression par une contre-attaque sur certains points de pression par exemple. On peut créer une douleur aux tendons, ou endommager un muscle bien précis ce qui amènera un gel des autres membres par réflexe sympathique, nous permettant ainsi de contrôler l'agresseur sans avoir à le blesser. Pour arriver à un tel résultat, la précision est nécessaire, une précision difficile à atteindre pour un pratiquant plus fougueux qui aime inconsciemment démontrer sa puissance physique. En situation de champ de bataille, la précision nous permettra de passer facilement au travers les différentes attaques de l'adversaire pour aller chercher des points vitaux comme les yeux par exemple.

Lorsque l'on parle de précision, cela se traduit également par une exactitude dans les pensées. Être capable de choisir le bon mode de défense au bon moment. La maturité que donne l'âge est un atout précieux dans ce domaine. Dans plusieurs unités policières d'intervention, on évitera de prendre de jeunes policiers. On choisira des gens dans la trentaine et si possible avec des enfants. Le but est simple, on recherche des gens capables de réfléchir avant d'agir. Ces gens ont d'excellents réflexes, mais la maturité acquise par l'âge et le sens de la famille se révèlent des atouts précieux lorsque vient le temps d'analyser la situation.

Deux adversaires à tempérament agressif qui combattent génèrent habituellement une confrontation qui ressemble à un combat de coqs. Les attaques se succèdent à un rythme étonnant. On a tendance à croire que ces gens sont d'une résistance à toute épreuve compte tenu du nombre incroyable d'impacts que leurs corps ont à subir. La réalité est toute autre, la plupart de ces impacts manquent de puissance ou sont tout simplement donnés à des endroits inappropriés. Demandez à des gens qui se sont battus fréquemment et ils vous diront qu'ils avaient l'impression que les coups reçus ne comportaient aucune puissance. La précision implique de choisir la technique de défense appropriée en utilisant les gestes et les déplacements adéquats. Beaucoup de pratiquants d'arts martiaux ont énormément de difficulté à bouger et à utiliser adéquatement le poids de leurs corps.

Se trouver à la bonne place au bon moment.

Lorsque deux adversaires sont en *kumi uchi*, agrippés l'un à l'autre, c'est souvent le plus fort physiquement qui l'emporte. La précision permet de savoir comment et où pousser ou tirer l'adversaire pour le maintenir constamment en situation de déséquilibre. J'ai eu la chance de pouvoir m'entraîner avec des professeurs de haut niveau spécialisé dans les déséquilibres. On a toujours l'impression de tomber, d'être des pantins, alors que c'est à peine s'ils nous touchent. Par de légères pressions, ils nous maintiennent dans un déséquilibre constant, et ce, même si l'on pense avoir réussi à reprendre notre équilibre une fraction de seconde. Dès que l'on met une pression pour contrecarrer notre adversaire, on a la sensation de tenter de défoncer une porte ouverte. Le secret est simple, ce n'est qu'une question de précision dans les directions où l'on tire et l'on pousse notre adversaire. Se trouver à la bonne place au bon moment. Naturellement, il y a également une question de *timing*. Cela prend plusieurs années pour développer ces habiletés. Mais une fois acquises, contrairement à nos capacités physiques qui iront en diminuant, notre façon de bouger continuera de s'améliorer jusqu'à un âge avancé.

Dans la précision, on inclura également tout ce qui touche l'alignement des os. Il faut être capable d'obtenir le maximum de puissance avec le minimum d'efforts. Une bonne gestion de notre équilibre est obligatoire. Cet équilibre s'obtient avec la précision des mouvements et des déplacements. Ce contrôle précis des mouvements permet de ne plus avoir à bouger rapidement pour éviter les coups de l'adversaire. Les vieux maîtres d'arts martiaux bougent toujours lentement pour contrer une attaque. La précision de leurs déplacements fait en sorte qu'ils n'ont pas besoin de compenser par de la vitesse.

Il faut réaliser rapidement que tel type de frappe sera sans effet sur tel type d'adversaire.

Si vous êtes obligés de frapper de toutes vos forces pour obtenir un résultat sur votre adversaire, c'est probablement que vous n'utilisez pas la bonne technique de frappe ou que vous manquez de précision. Il faut réaliser rapidement que tel type de frappe sera sans effet sur tel type d'adversaire. Dans le volet précision, il faut inclure le volet du bon choix des outils à utiliser. Il est important de bien maîtriser les différentes techniques de frappes qui s'offrent à nous. La précision s'accompagne généralement de la découverte de l'utilisation de l'espace. Apprendre à gérer son espace et celui de l'adversaire.

Un petit exercice simple consiste à se déplacer à l'extérieur du poing de notre partenaire d'entraînement, au moment où il donne un coup de poing. En se positionnant, on laisse notre main avant ouverte afin de gagner de la portée. On va placer nos doigts sous la lèvre inférieure juste au-dessus du menton en effectuant une pression vers le bas. À partir de là, il est facile de faire une multitude de techniques. Le but ici est simplement de bouger au bon endroit. Dans une situation réelle, on pourrait simplement ensuite enchaîner d'un coup de la paume sous la mâchoire. Cette façon de nous placer nous met généralement hors de portée des poings de l'adversaire et le déplacement se fait rapidement sans avoir besoin de faire trop d'efforts. Naturellement, on peut utiliser notre main avant pour créer une déflexion de l'attaque. Être à la bonne place et au bon moment, c'est le secret de la réussite dans un combat.

Le simple fait d'appuyer avec le pouce sur le menton de l'adversaire l'amène à perdre le contrôle de sa structure. Durant un court instant, il se retrouve replié sur lui-même, incapable d'enchaîner avec une frappe efficace.

L'exécution d'une telle technique ne demande pas de force, simplement d'attendre l'opportunité pour aller porter notre main sur la cible visée. Dans ce genre de technique, on utilise du *koshi jutsu*. C'est avec l'ongle que l'on va créer la douleur nécessaire à cette technique.

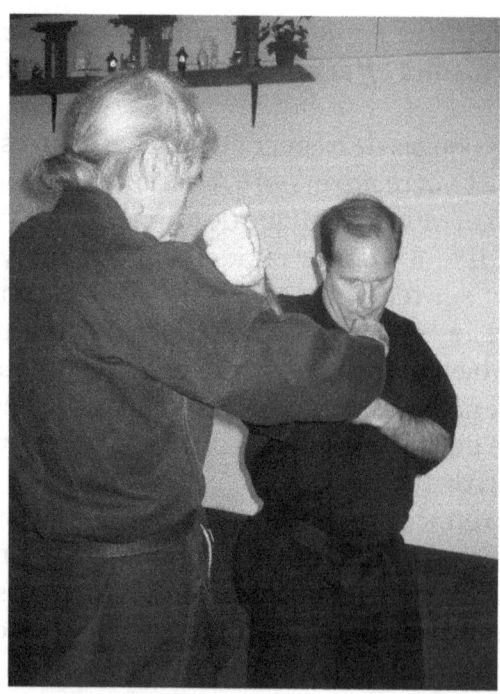

Le *timing*

On pourrait définir le *timing* comme étant l'art de bouger au bon moment. Mais se contenter de cette définition, c'est se limiter dans ses capacités. Le *timing* débute bien avant que la frappe n'arrive. Il débute à l'instant même où l'attaquant développe une intention. C'est de cette façon que le *timing* se travaille ici. On se doit, pour évoluer sainement à travers les années d'entraînements, de remplacer la vitesse par le *timing*. Le calme et la relaxation sont les meilleurs outils pour parvenir à ces résultats. Lorsque l'on est jeune et que l'on fait du combat, on développe une certaine forme de *timing* utilisable pour la compétition. Malheureusement, ce genre de mouvement fait appel aux réflexes musculaires qui déclinent après trente-cinq ans.

C'est un *timing* qui est nerveux et tendu qui utilise presque 100 % de la capacité du cerveau à analyser la situation. Idéalement pour augmenter cet aspect, il faut apprendre à maîtriser sa fougue et savoir travailler les muscles détendus et relaxés. Il faut apprendre à bouger de manière fluide et associer ses déplacements à de bonnes captures de l'énergie de l'adversaire. Et le plus difficile, il faut apprendre à penser autrement. On ne doit plus subir une attaque, on doit évoluer avec elle. L'attaque doit faire partie de la situation au même point que la respiration. L'attaque est naturelle, on doit bouger avec elle et non contre elle. À partir de ce niveau, le combat ne se passe plus seulement sur un plan physique.

***Le déplacement n'a pas besoin de se faire rapidement,
il doit simplement se faire au bon moment.***

Un exercice simple, pour aider à comprendre ces deux aspects, consiste simplement à contrer un coup de poing, en se déplaçant sur le côté extérieur de celui-ci et en tassant la main de l'attaquant, si nécessaire. Il suffit ensuite de pointer nos doigts de la main avant en garde de façon à ce que l'adversaire vienne lui-même présenter ses yeux sur le bout de nos doigts. Le *feeling* aidant, en situation de danger extrême, on peut enchaîner facilement en allant briser un genou ou en enchaînant de la manière qui soit la plus naturelle possible pour nous. On peut faire le même exercice en se trouvant à l'intérieur ou à l'extérieur de l'attaque. Dans une telle technique, le fait que la main soit relaxe en allant porter les doigts aux yeux de l'agresseur, augmente la vitesse de manière significative. On n'a pas besoin de ramener les épaules et les bras en arrière pour faire une attaque. Le déplacement n'a pas besoin de se faire rapidement, il doit simplement se faire au bon moment.

Un tel exercice n'exige pas une grande vitesse, cela demande seulement de laisser notre esprit au repos. Ce n'est pas une technique proprement dite, car on ne pourra jamais la refaire deux fois de suite de façon identique. La hauteur de l'attaque ne varierait que d'un centimètre, que ce serait suffisant pour modifier l'alignement des os et l'angle de déplacement. Le seul entraînement de routine à faire est d'apprendre à se déplacer en étant le plus relaxe possible.

Pour piquer du bout des doigts et se tasser, on réfère à notre triangle de base, c'est à ce niveau qu'on a appris comment bouger et se déplacer. Mais, pour ce qui est de l'exécution efficace de la technique, on mise entièrement sur le second triangle. La précision pour aller porter notre main aux yeux de l'adversaire et le *timing* de notre corps pour parer l'attaque ne peuvent être exécutés de manière robotisée. Il faut pouvoir bouger sans réfléchir afin d'atteindre l'angle idéal pour être en sécurité et être efficace. Le travail devient instinctif. Un bon combattant peut apprendre à recevoir des coups frappés sur le corps. Mais il est difficile de s'entraîner à recevoir un doigt dans un œil. Le simple fait de frotter un œil est souvent suffisant pour changer complètement le schème de pensée de l'agresseur.

Il troquera son kimono de satin pour un kimono de toile solide qui lui rappellera que toute sa vie, il est étudiant.

Les Orientaux ont vite compris que la puissance du premier triangle n'est qu'illusoire. Beaucoup d'arts martialistes sont fiers d'amasser médailles et honneur lors de compétition. Mais est-ce que la compétition est vraiment représentative de la rue ? Est-ce que le coup porté qui nous donne la victoire en compétition est suffisant pour maîtriser vraiment le guerrier de la rue habitué à encaisser ? Outre le fait d'avoir à l'appliquer en situation réelle, il n'y a aucun moyen de vérifier l'efficacité du deuxième triangle si ce n'est que dans la paix intérieure, dans la confiance et dans le détachement de l'égo qui émane de lui. Le deuxième triangle amène l'adepte à ne travailler que pour lui-même sans éprouver le besoin de prouver quoi que ce soit à quiconque. Il troquera son kimono de satin pour un kimono de toile solide qui lui rappellera que toute sa vie, il est étudiant. L'élève du niveau du deuxième triangle cherchera à comprendre les techniques qu'il a apprises et fera une sélection sévère à travers tout le bagage technique qu'il a accumulé. Il connaîtra les techniques qui pourront sortir aisément sans avoir recours à son intellect. Il pourra faire face à une attaque qu'il n'aura jamais apprise, car il peut se fier à son esprit créateur. Il pourra éviter le couteau d'un angle qu'il n'aurait même pas imaginé possible. Il pourra enfin comprendre le sens du chemin du guerrier.

Le second triangle est la porte d'entrée vers un guerrier plus sage, plus efficace et plus pacifique. À ce stade, il n'y a plus d'agressivité, seulement de la nécessité. Le but n'est plus de gagner, mais de survivre en minimisant les dommages tant chez l'agresseur que chez le défenseur.

Kaname

Chaque année Hatsumi sensei nous donne un thème de travail. Son enseignement sera principalement axé sur ce sujet. Pour 2012, le sujet était *kaname*. Ce mot désigne le rivet d'un éventail, la partie qui unit toutes les lattes supportant le papier. Seul Maître Hatsumi pouvait avoir une telle idée, de choisir comme sujet d'étude le point de pivot d'un outil pour se rafraîchir. À première vue, cela peut sembler un peu loufoque. Mais lorsqu'on connaît ce professeur, on sait que rien n'arrive par hasard. Que derrière un tel sujet se cache un enseignement profond.

L'idée de l'éventail est un support visuel pour illustrer l'utilisation du point de pivot dans les arts martiaux. Certains arts comme l'aïkido reposent sur ce principe. Se déplacer par rapport à un point donné dans l'espace et utiliser cette jonction pour gérer l'énergie d'un adversaire n'est que le début, la base de ce que peut nous enseigner ce principe martial. Lorsque l'on commence à prendre conscience de cette façon d'exécuter les techniques, on réalise que l'on peut suppléer la force physique par le *timing* et le contrôle de l'énergie de l'adversaire.

Exercice de base N° 1
Votre partenaire vous donne un coup de poing droit. Vous vous déplacez à l'extérieur du poing en déposant simplement votre main droite sur son avant-bras.

Vous descendez légèrement son bras vers le bas de façon à ce qu'il ait l'impression qu'il peut vous atteindre au visage. Au moment où il vous frappe, vous vous déplacez à droite en déposant la paume de votre main droite sur son avant-bras gauche. Vous capturez son bras et le contrôlez par une pression de votre avant-bras derrière son coude en vous déplaçant en sens antihoraire.

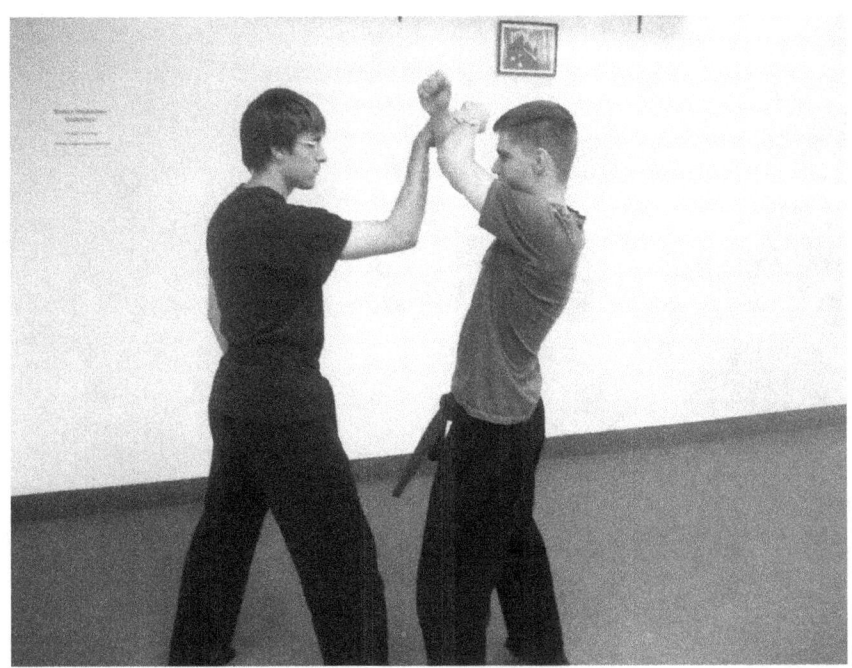

En effectuant cet exercice, on constate rapidement qu'en nous déplaçant autour de ce point de pivot (contact de notre main sur l'avant-bras de l'attaquant), nous n'avons pas besoin de bouger rapidement et de nous dépêcher. Ce point permet à notre cerveau de diviser l'espace en différents segments. À partir de ce modèle, il peut gérer l'espace beaucoup plus facilement.

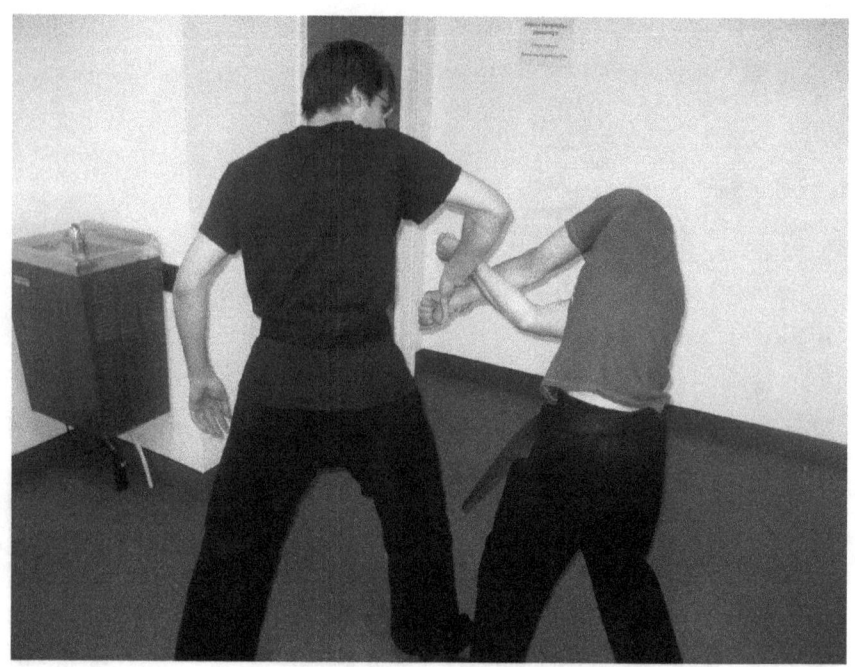

Dans cet exercice, on utilise une charnière à la verticale comme si l'on tournait autour d'un poteau. On peut utiliser ce pivot dans tous les angles. Lorsqu'on le comprend bien, on peut l'utiliser pour faire des projections en entraînant l'adversaire au sol sans effort.

Exercice de base N° 2
Notre adversaire nous saisit façon judo. Pour ceux qui l'ignorent, cette façon d'agripper vient directement de l'armure du samouraï. La main droite agrippe une des courroies qui retient le plastron de l'armure. De sa main gauche chacun des combattants agrippe le bras droit de son adversaire l'empêchant ainsi d'avoir accès à son *katana* ou à son *wakizashi*.

On l'agrippe à notre tour et tout en tournant notre corps en sens horaire, on l'entraîne vers l'avant pour le déséquilibrer.

En faisant cela, on vient bloquer ses jambes de notre jambe gauche. On l'entraîne ensuite au sol pour le projeter. Attention, ici on ne doit pas forcer pour entraîner l'adversaire au sol. On doit créer un point de pivot et le faire tourner autour de ce pivot. De cette manière, aucune force physique n'est exigée.

On doit entraîner l'adversaire à bouger autour de ces points de pivots et non tenter de le tirer en passant au centre de ces points. La même réflexion est valable pour nos déplacements, on n'essaie pas de projeter l'adversaire, on se contente de le faire bouger autour de ces points. Une fois que l'on a bien compris ce principe, on peut l'utiliser sur un grand nombre de techniques. La beauté de ce principe repose sur le *feeling* et le *timing*. Ce même principe peut s'appliquer aux armes.

Avec ces quelques exercices simples, on peut saisir un peu mieux toute la portée de ce principe martial extraordinaire. J'avais déjà fait de l'aïkido il y a longtemps. Mais la façon originale qu'a eue Hatsumi sensei pour démontrer comment se servir de ce point de pivot m'a permis d'approfondir ce principe et de faire un grand pas dans l'amélioration de mon *taijutsu*. Beaucoup d'arts martiaux développent la prise de conscience du centre *hara*. Le bas du ventre et la région pelvienne constituent ce centre. Ce point est l'axe principal d'où notre corps peut pivoter sur lui-même. Plusieurs arts martiaux prennent ce point comme référence de déplacements lors d'attaque directe. Il faut apprendre à bien ressentir cette partie de notre corps. Je vous conseille fortement le livre *Aikido with Ki* de Koretoshi Maruyama. Il est malheureusement en anglais, mais ça vaut la peine de faire l'effort.

Tai jutsu 体術

Au moment où votre adversaire tente de vous donner un coup de poing, vous inclinez légèrement le dos vers l'arrière, coinçant ainsi votre tronc sur vos lombaires. Durant ce court instant, vous êtes incapable de reprendre totalement le contrôle de votre corps pour éviter un crochet du gauche à la tempe. Votre seule alternative consiste à descendre un genou au sol pour éviter le choc. À ce moment, vous vous retrouvez à portée du genou de votre adversaire. Il n'a qu'à lever la jambe pour vous atteindre en pleine figure. Cet exemple peut sembler un peu simpliste. Pourtant, elle illustre bien des situations qui sont courantes lors de combats en situation réelle. Si vous en êtes arrivé à vous retrouver dans un contexte semblable, c'est probablement que votre *taijutsu* est défaillant.

Ce petit mot est de plus en plus à la mode. Traditionnellement, le *taijutsu* désignait la façon de bouger que l'on utilise dans les arts martiaux. *Tai* 体 le premier *kanji*, se traduit en français par « le corps ». Il est composé de deux symboles. Le premier désigne une personne et le second possède plusieurs sens, dont celui de l'origine, là où débute la personne. L'être humain existe dans ses mouvements, s'il ne bouge pas c'est qu'il est mort ou handicapé.

Le second *kanji*, *jutsu* 術, signfie quant à lui « la technique » ou « l'art ». Dans les temps anciens, ces deux *kanjis* désignaient la façon de bouger, de se déplacer, l'art de bien se déplacer, élément important pour la survie à une certaine époque. Une personne dont le *taijutsu* était mauvais indiquait simplement une personne qui bougeait mal.

Plusieurs personnes autour du globe se sont approprié ces termes et ont créé des arts martiaux portant ce nom, ce qui à mon sens est bien si l'on respecte la règle de bouger adéquatement. Bien se déplacer implique de travailler au niveau du second triangle. On ne se déplacera jamais bien si l'on se contente de recopier de manière identique les mouvements que nous enseignent nos professeurs. N'espérez pas qu'un colosse de deux mètres bouge de la même façon qu'une frêle dame. Les mouvements doivent s'apprivoiser au corps de celui qui les exécute.

Un jour, un professeur m'a dit que l'on pouvait connaître le CV d'un pratiquant d'art martial simplement en le voyant marcher lorsqu'il se dirige vers nous. Ça m'a pris des années pour accepter cette phrase que je trouvais un peu pompeuse. Mais avec les années et l'expérience, notre façon de voir les gens s'affine. La manière dont une personne dépose son pied au sol, la hauteur de son centre *hara*, la coordination de sa respiration avec ses épaules et même la façon dont il nous regarde sont autant d'indices qui nous enseignent ses points faibles lorsqu'il bouge. Nos mouvements révèlent nos forces, mais aussi nos faiblesses. Je comprends maintenant mieux ce professeur qui disait : « lorsque je frappe un maître de la trempe d'Hatsumi sensei, au moment où mon poing se dirige vers lui, il n'a aucune hésitation dans ses mouvements. Son corps se retrouve au bon endroit et au bon moment pour me contrôler ou pour créer des douleurs incroyables, me rendant complètement à sa merci. Durant tout le temps qui s'écoule entre le moment où mes muscles amorcent l'attaque et celui où mon poing approche de sa cible, j'ai la certitude de pouvoir atteindre l'objectif jusqu'au moment où, d'un mouvement qui paraît incroyablement lent, la cible disparait de nos yeux, ce qui est paradoxal. Je me retrouve alors pris dans un état ou dans un espace où je ne contrôle plus rien. Ceux qui ont eu la chance de faire une technique avec un tel maître comprendront aisément ce que je veux dire ».

> *On comprend comment nos déplacements, que l'on trouvait bons jusqu'à maintenant, étaient bien ordinaires, pour ne pas dire inefficaces.*

Le *taijutsu*, c'est tout ça, bouger au bon moment, pouvoir disparaître de la zone d'attaque de l'adversaire en un clin d'œil et cela sans faire d'effort surhumain. Bouger au bon endroit au bon moment de la bonne façon n'est pas donné à tout le monde. Cela demande des années d'entraînement, d'efforts et surtout de prises de conscience pour en arriver à bien maîtriser les mouvements de son corps. Lorsque notre *taijutsu* devient acceptable, alors là seulement, on comprend comment nos déplacements, que l'on trouvait bons jusqu'à maintenant, étaient bien ordinaires, pour ne pas dire inefficaces. Un bon *taijutsu* passe avant tout par un état d'esprit adéquat. Bouger le corps pour éviter une attaque est facile. Bouger de la bonne façon au bon moment est autrement plus difficile. Pour faire prendre conscience de cet aspect à mes étudiants, je fais parfois faire un exercice très simple. Ils se placent debout en *shizen* et doivent se déplacer au moment où je les frappe avec un *shinai*. Le seul déplacement autorisé est d'avancer en triangle. Imaginé que vous vous tenez sur un carré et que vous deviez vous déplacer sur le côté gauche de carré. Il ne faut pas avancer par le centre, car vous irez directement vous jeter sur le sabre, il faut se déplacer autour de ce carré. Les premières fois, les gens sont crispés, les muscles bougent par saccade. Après quelques tentatives, ils réalisent qu'en étant plus relaxés, ils peuvent bouger beaucoup plus rapidement et qu'ils gèrent beaucoup mieux l'espace où ils doivent se déplacer.

Les éléments ou le combat par les émotions

Le second triangle est au-delà d'une simple reproduction de techniques. Pour le maximiser, divers principes doivent être pris en considération. Pour les vieux maîtres d'arts martiaux asiatiques, il était naturel de faire un parallèle avec la nature. Certains arts martiaux, surtout au Japon, étaient basés sur les éléments naturels que sont la terre, l'eau, le feu, vent et le vide. Dans les arts martiaux chinois, on utilisait les animaux afin d'obtenir les mêmes objectifs. L'équivalent de la terre était symbolisé par le tigre, l'eau par le serpent, le feu par le léopard, le vent par la grue et finalement le vide par le dragon. Chaque élément ou animal représente un tempérament, un type d'énergie, un style de défense et d'attaque, un état d'esprit et également une étape d'un cheminement spirituel qui fait partie intégrante de la voie.

Qu'on le veuille ou non, l'être humain est avant tout un être émotionnel. Les décisions importantes que nous prenons dans notre vie sont prises en fonction des émotions du moment. Si l'intellect vient tempérer le tout, les émotions trouvent tout de même une place importante dans tout notre processus de prise de décision. Notre capacité à prendre ces décisions peut être perturbée par des émotions mal contrôlées. Si l'émotion est trop forte, elle peut nous pousser à faire des gestes que nous allons regretter toute notre vie. Ces mêmes émotions peuvent nous donner l'énergie nécessaire à la victoire, tout comme elles peuvent causer notre perte lors d'une confrontation physique en situation réelle.

Plusieurs professeurs enseignent à leurs étudiants qu'en situation de combat, ils n'ont pas à s'inquiéter, que le stress est normal et qu'il va engendrer une poussée d'adrénaline, leur insufflant l'énergie nécessaire pour la victoire. Or, l'adrénaline peut se manifester de deux façons. Dans une grande majorité des cas, elle peut engendrer cette poussée d'énergie, mais dans certains cas, elle va faire figer tous les muscles du corps, rendant tout mouvement difficile. Comment allez-vous réagir sous l'adrénaline ? Vous ne le saurez que lorsque ça arrivera. Mais si l'adrénaline est votre arme ultime pour vous assurer la victoire, vous pourriez aller au-devant de grandes déceptions. De plus, une autre chose est intéressante avec l'adrénaline. Vous vous êtes battu quatre-vingt-dix-neuf fois et l'adrénaline a toujours été de votre côté. À la centième fois, rien ne va. Vous sentez vos jambes ramollir, vos bras semblent beaucoup plus lourds qu'à l'habitude. Vous ne parvenez pas à esquiver les attaques de votre ennemi. Eh oui, c'est comme ça, l'adrénaline n'est pas toujours fiable.

Mais que se passe-t-il si son adversaire a plus d'expérience ou qu'il démontre une agressivité supérieure ?

Une façon plus sécuritaire de vous assurer la victoire consiste en l'utilisation adéquate du bon élément (voir de la bonne émotion) au bon moment. Prenons par exemple un art martialiste qui durant des années, se serait limité à un art martial dominé par l'élément feu. Dans cet art il a appris à foncer, à gruger continuellement du terrain sur son adversaire lors de compétition sportive ou d'entraînement en dojo. Toute sa technique est basée principalement sur l'attaque, une charge agressive et le plus souvent très linéaire. Durant toutes ces années, son corps s'est spécialisé à aller vers l'avant, à vouloir occuper l'espace de son adversaire. L'émotion liée au feu étant l'agressivité, cette émotion développe le réflexe de l'utilisateur à attaquer continuellement son adversaire. Mais que se passe-t-il si son adversaire a plus d'expérience ou qu'il démontre une agressivité supérieure ? Cela n'est pas trop grave si l'on est protégé par l'équipement adéquat lors des entraînements. Mais dans la rue, rien ne vient tempérer les frappes de l'adversaire.

Cette émotion, le feu, demande une quantité incroyable d'énergie. Est-ce que le pratiquant d'art martial qui est dans la cinquantaine peut se payer le luxe de dépenser autant d'énergie ? Il faut savoir également qu'en situation de combat réel, le niveau d'énergie baisse extrêmement rapidement. Demandez à n'importe quel policier ou intervenant en sécurité comment il se sent avant le début d'une confrontation physique en situation réelle. Ils vous diront probablement qu'avant même d'avoir eu un premier contact physique, l'énergie avait commencé à diminuer de manière significative. Psychologiquement, un combat en situation réelle diffère totalement d'un combat sportif. C'est un stress qui est complètement différent.

L'art martialiste se doit de posséder les quatre éléments, ils sont indissociables pour être complet. Dans l'exemple cité plus haut, le défendeur réalisera rapidement que sa stratégie de combat n'est pas effective face à un adversaire plus puissant que lui. S'il veut sortir vainqueur de son combat, il devra revoir complètement sa stratégie. Il pourra alors utiliser l'eau comme élément. L'eau est défensive. Elle est comme la vague qui frappe la berge et que le ressac éloigne jusqu'au prochain impact sur la berge. Elle est insaisissable.

Notre combattant reculera en parant les coups. Ce faisant, il pourra attaquer les bras et les jambes de son adversaire, le privant ainsi de ses armes. Chaque frappe sur le bras attaquant est une petite douleur physique et une défaite psychologique pour l'adversaire. Chaque attaque a pour effet de créer des brèches qui peuvent être exploitables lorsque l'on sait comment. Celui qui utilise l'eau peut reculer à quelques reprises, mais il sait comment utiliser ces trous laissés dans le système défensif de l'attaquant. Le défenseur économise son énergie et attend le moment propice qui se présente toujours à un moment ou à un autre de l'attaque.

La terre

Pour une meilleure compréhension des éléments, reprenons-les dans l'ordre hiérarchique. Le premier élément rencontré est la terre. C'est l'élément solide, c'est la fondation. Les autres éléments reposent en partie sur ce dernier. La terre représente la stabilité physique et émotionnelle. La terre c'est également la confiance en soi. Une confiance qui permet d'affronter toute situation de façon lucide, mais non fanatique. C'est cette confiance qui permet, au niveau du second triangle, d'influencer le mental de l'adversaire afin de semer des doutes dans son esprit. Celui qui maîtrise bien cet élément sait quand c'est le temps de battre en retraite et quand c'est le temps d'attaquer. Il est conscient de ses moyens et de ses capacités.

Symboliquement on peut comparer cet élément à une montagne à la base solide et stable, pouvant résister aux intempéries. En combat elle est l'énergie à la verticale, utilisée dans la défense d'un endroit restreint telle une cabine téléphonique ou au cœur d'une foule compacte. Elle est la stabilité et l'ancrage au sol qui peut contrer la plupart des projections et qui permet d'assurer un bon alignement des os. Une personne au tempérament terre sera plus difficile à déplacer. Moins rapide que la plupart des gens, le guerrier qui utilise la terre sait comment immobiliser ses adversaires. Comme le tigre, une fois qu'il a mis la patte sur sa proie, elle ne pourra que difficilement s'échapper.

> *La confiance que ressent l'art martialiste*
> *qui maîtrise l'élément terre l'empêche de*
> *réagir sous le coup des émotions.*

Lorsque l'on parle de stabilité émotionnelle, on sous-entend d'avoir une force de caractère suffisamment grande afin de ne pas se laisser manipuler facilement par les gens que nous côtoyons et les évènements que nous vivons quotidiennement.

La confiance que ressent l'art martialiste qui maîtrise l'élément terre l'empêche de réagir sous le coup des émotions et des provocations. La confiance en soi est le support psychologique qu'utilise la personne au tempérament terre.

Stratégiquement, si un adversaire est plus performant que nous et qu'on ne peut verbalement rien faire pour empêcher le combat, on pourra, dans certains cas, le déséquilibrer émotionnellement, le mettre en colère, ce qui mènera à une hausse de son niveau d'adrénaline. S'il devient enragé, il offrira alors un nombre grandissant d'ouvertures propices à une contre-attaque. L'adrénaline donne un surplus de puissance, mais amène aussi celui qui ne la contrôle pas parfaitement à faire des mouvements désordonnés. La confiance donnée par la terre nous permettra ainsi de manipuler l'adversaire. Cette même maîtrise de la terre nous empêchera de tomber dans le même piège, celui de la colère et de l'agressivité.

Les attaques terre se prêtent bien aux techniques de frappe en onde de choc.

La terre nous apprend également à frapper à courte distance, utilisant la puissance du sol pour compenser le manque d'élan de nos poings. Elle est parfaitement indiquée pour des frappes visant les nerfs. La puissance de frappe de la terre vient des jambes. Dans les endroits restreints où il y a peu de place, la terre est l'outil le mieux adapté pour se battre en combat rapproché. Les attaques terre se prêtent bien aux techniques de frappe en onde de choc, ces techniques en percussions qui traversent avec facilité les zones musculaires. Ces frappes sont particulièrement redoutables lorsque vient le temps de perturber le système nerveux de l'adversaire.

Dans les styles qui utilisent les animaux, la terre est remplacée par le tigre. Cet animal attaque lourdement. Il utilise le poids de son corps. C'est un animal qui semble avoir confiance en lui, qui est patient et prêt à sauter sur sa proie au moment adéquat. Il a tendance à envelopper sa proie et à l'écraser sur place. Le *kosshi jutsu* encourage l'utilisation des techniques de griffures, de pincements et de frappes sur les points vitaux. L'élément terre autorise particulièrement l'utilisation de ces techniques. Dans le *kosshi jutsu*, érafler un adversaire au visage pour se libérer de son emprise est tout à fait normal. Nous sommes loin de la pratique élégante des arts martiaux. Le but est la survie.

Plusieurs écoles ont délaissé l'aspect émotionnel et stratégique de l'animal pour essayer d'imiter ses mouvements. À l'exception du défunt maître Takamatsu, même si l'on peut utiliser les ongles pour griffer, on est loin de l'efficacité des griffes du tigre. Les animaux comme les éléments ont été utilisés par les vieux maîtres pour transmettre un enseignement plus symbolique. Ils les utilisaient pour faire comprendre plus facilement les différents types d'énergie et les états émotionnels qui régissent l'inconscient humain. Le but du symbole est de faire en sorte que l'art martialiste imite un être humain. Malheureusement, plusieurs imitent le symbole plutôt que de chercher à comprendre son enseignement.

L'eau

En second lieu, l'eau, que l'on peut comparer au mouvement de la vague, se veut le reflet de l'adaptabilité émotionnelle et physique. L'eau est l'adaptation de notre être face à n'importe quelle situation. Dans le règne animal, la créature qui ne peut s'adapter est condamnée à mourir à plus ou moins longue échéance. Basée sur la peur, l'eau nous amène à reculer face à un adversaire plus puissant que nous. Comme décrit plus haut, la vague absorbe les frappes dures et sèches pour revenir frapper avec plus de puissance.

Vous êtes devant un adversaire qui est un meilleur art martialiste que vous, vous savez qu'il va probablement vous attaquer, mais vous n'avez aucune idée de ce qu'il va sortir. Vous pouvez essayer de prévoir ses attaques, mais si vous vous trompez et que vous bloquez une attaque du poing alors que c'est un coup de pied aux parties qui arrive, vous venez probablement de perdre votre combat.

Il y a des techniques de frappes qui permettent de créer des douleurs et du dysfonctionnement moteur du membre qui attaque.

L'eau est basée sur une émotion que beaucoup d'arts martialistes se refusent à accepter : la peur. La peur est une émotion comme les autres. Seul un déséquilibré peut dire qu'il n'a jamais peur. La peur peut se révéler une émotion positive si l'on sait l'utiliser de la bonne façon. Un vieil adage dit que la peur donne des ailes. Instinctivement, la peur nous amène à reculer. On utilise ce mouvement de repli afin de nous mettre hors de portée des attaques de l'adversaire. Dans le Bujinkan de Maître Hatsumi, on apprend à reculer en angle de 45 degrés afin d'éviter les attaques directes et sournoises d'un adversaire agressif. La distance de recul est suffisamment loin pour éviter de recevoir l'attaque, mais est suffisamment proche pour exploiter les ouvertures que l'adversaire a laissées lors de son attaque. Il y a des techniques de frappes qui permettent de créer des douleurs et du dysfonctionnement moteur au membre qui attaque. De plus, plusieurs de ces techniques de blocage permettent de créer un léger déséquilibre indisposant l'attaquant.

Le fait de reculer nous permet d'avoir plus de temps pour voir venir l'attaque. Il devient alors plus facile de réagir adéquatement à ces frappes. À chaque attaque, l'adversaire découvre ses côtes ou sa tête et offre une ouverture qui ne demande qu'à être utilisée. La dépense d'énergie est au minimum alors que la sécurité y est au maximum.

Durant des années il a appris à essayer d'avancer, il n'a pas développé le réflexe de reculer.

Prenons un art martialiste qui n'aurait utilisé que l'élément feu toute sa vie. Imaginons-le en situation réelle. Il essaie de frapper son adversaire, mais ce dernier bloque toutes ses attaques, car il est plus rapide. Notre art martialiste reçoit un coup de poing à l'œil, un autre à l'estomac et les frappes continuent de s'enchaîner. Il y a déjà un moment que son intellect a compris qu'il va perdre ce combat, que la défaite sera douloureuse et même dangereuse. Il veut reculer, mais son corps ne bouge pas. Durant des années il a appris à essayer d'avancer, il n'a pas développé le réflexe de reculer. Cet automatisme de repli n'existe pas dans son bagage technique. Il voudrait bien reculer, mais son corps n'obéit pas. Ses automatismes l'ont entraîné à ne pas reculer. Il y a conflit entre ses émotions et les répétitions que son corps et son subsconscient ont apprises. L'eau étant basée sur la peur, il est facile de créer des automatismes permettant de reculer pour éviter les attaques de l'adversaire. Lorsqu'on recule, on ne doit pas oublier de privilégier les déplacements dans des angles de 45 degrés. La ligne droite est à bannir.

Les dernières années où je possédais mon école de karaté, j'étais alors dans la quarantaine, je ne pouvais rivaliser en combat sportif avec mes jeunes ceintures noires dans la vingtaine. Ces jeunes coqs à la vitesse et à l'endurance plus grandes ne pouvaient que m'avoir à l'usure. Cette réalité de l'âge fait en sorte que dans les compétitions sportives, l'on retrouve des catégories ceintures noires 35 ans et plus. Mais dans ces combats, dès que je commençais à utiliser l'eau comme stratégie, il devenait facile pour moi de gagner et de m'amuser à leurs dépens. Ça devenait facile de m'adapter à ces attaques imprévues, de bloquer ces coups de pieds enchaînés à toute vitesse.

Son état émotionnel s'ajuste à toutes les situations sans se laisser dépasser par les événements.

L'adaptabilité est la qualité première de l'eau. Celui qui possède cet élément possède généralement l'ingéniosité nécessaire afin de s'adapter à des techniques qu'il ne connaît pas. Son état émotionnel s'ajuste à toutes les situations sans se laisser dépasser par les événements. Ses coups frappés puissants, portés par le mouvement de vague initié par l'eau, permettent d'effectuer des attaques avec tout le poids du corps. Les frappes utilisant la puissance de l'eau se font en avançant et en frappant en descendant. C'est la même puissance qu'utilise le lanceur au baseball. Il élève son centre de gravité et en redéposant sa jambe au sol, il récupère l'énergie de la gravité pour lancer son projectile avec force. Ces frappes ne sont pas les plus rapides, mais elles offrent un maximum de puissance.

L'utilisation de l'eau ne demande pas de force physique ou d'habilité particulière. Elle doit cependant être soutenue par la terre. Si les jambes sont faibles, si la confiance n'y est pas, elle perdra un peu de son efficacité. Mais même à cela, il restera toujours l'option de courir. Il est important pour un pratiquant d'art martial, de développer la puissance de ses jambes. En occident, beaucoup de gens pratiquent les arts martiaux avec le haut du corps comparativement aux Asiatiques qui eux utilisent les jambes.

Dans les styles utilisant les animaux, l'eau est généralement représentée par le serpent. Son corps fuit les attaques et devient insaisissable. Le calme engendré par l'eau permet tout comme le serpent d'être capable de regarder froidement son adversaire sans démontrer de faiblesse. Le serpent comme l'eau symbolise l'adaptabilité du corps à diverses situations, que ce soit des frappes ou des prises. C'est également l'adaptation psychologique aux diverses situations que l'art martialiste doit affronter. L'eau permet de changer rapidement de stratégie afin de s'adapter aux besoins du moment.

Le feu

Le feu utilise l'agressivité comme mode d'expression. Une agressivité bien contrôlée, bien dosée, nécessaire à la détermination de vaincre. Le feu, c'est l'explosion, la puissance et la rapidité de l'éclair. L'énergie utilisée par le feu est linéaire et dirigée vers l'avant, directement sur l'adversaire. Une frappe vive que l'adversaire n'aura pas le temps de voir venir dans bien des cas.

L'art martialiste de tempérament feu est rapide, son coup de poing arrivera avant le poing de l'adversaire même s'il s'est amorcé une fraction de seconde après celui de ce dernier. L'adepte du feu projette son agressivité dans tout son langage gestuel. Tous les gens autour de lui peuvent percevoir ses émotions. Dans la plupart des cas, l'adversaire sentira qu'il vaut mieux ne pas engager le combat, on ne joue pas avec le feu. La foudre est insaisissable et lorsqu'elle a frappé, vous ne pouvez que réparer les dégâts. La foudre cherche le chemin le plus direct pour atteindre sa cible.

Le feu est fonceur, il est l'élément qui amènera l'homme d'affaires à oser investir dans de nouvelles entreprises. Malheureusement, trop de feu peut parfois amener à agir avant de réfléchir. Le défi est de contrôler cette énergie puissante. Feu et impulsivité sont synonymes. Il faut apprendre à maîtriser ces impulsions qui peuvent mener le combattant à sa perte.

*L'agressivité du feu encourage les
frappes directes, répétitives.*

Il n'y a pas un art martialiste qui, lors d'un combat sportif, n'a pas connu ce manque de *timing* qui fait qu'on se dit « j'avais une ouverture, j'aurais dû y aller ». L'art martialiste qui maîtrise le feu ne se pose pas de questions et exploite chacun des trous laissés dans la stratégie défensive de l'adversaire. L'agressivité du feu encourage les frappes directes et répétitives. Les bras ont tendance à revenir rapidement à leurs points de départ.

L'énergie du feu vient du plexus. Elle est liée à une respiration très courte, permettant de propulser rapidement corps et émotions. Fait intéressant avec la respiration feu, si les lèvres ne sont pas placées correctement pour expulser l'air, il y aura une perte de puissance lors des attaques. Le feu reflète une volonté de gagner. Mais il faut savoir accepter et reconnaître un adversaire qui maîtrise mieux cet élément que nous.

Son animal est généralement symbolisé par le léopard ou la panthère. Ce sont des animaux rapides, agressifs qui courent après leurs proies. Mais ils ont tendance à se fatiguer vite et à être obligés de récupérer de l'énergie après une chasse. Ce sont des sprinters. Psychologiquement, celui qui possède le feu trouvera la détermination à affronter la situation sans paniquer. Si le feu est bien dominé, bien contrôlé, il devient un allié précieux lors d'un combat. Bien canalisé, celui qui utilise l'élément du feu peut devenir un adversaire redoutable.

Le vent

Notre dernier élément est le vent. Il est l'insaisissable. Vous ne pouvez le saisir, mais lui peut si les circonstances sont présentes, déplacer des masses considérables. Le vent, c'est la maîtrise de l'équilibre et des déséquilibres. Le vent c'est également l'esquive qui permet de se retrouver derrière l'adversaire où suffisamment près de lui pour qu'il ne puisse plus frapper efficacement.

L'art martialiste qui utilise le vent apprend à rediriger l'énergie de ses adversaires. Pour aider à mieux comprendre cet élément, vous n'avez qu'à regarder des pratiquants d'aïkido. Il utilise la moindre faille dans l'équilibre de l'adversaire. Il n'est pas nécessaire de posséder une grande force physique pour contre-attaquer à l'aide d'une technique de type vent. Cela exige surtout une grande liberté d'esprit jumelé à un corps qui peut bouger de manière détendue.

L'émotion qui lui est reliée en est une de détachement, de sentiment d'intouchabilité. L'art martialiste qui utilise le vent ne se laissera pas atteindre par les paroles et les menaces de son adversaire. Il est inatteignable. Le vent c'est l'équilibre physique, psychologique et émotionnel. L'énergie du vent est circulaire. Elle est la porte ouverte que l'on essaie de défoncer. Conjuguer à des techniques de frappes, le vent devient redoutable. Sa force vient des épaules combinées au centre *hara*. Elle utilise le pivot de la colonne afin de laisser passer les attaques et de capturer le bras ou la jambe qui a porté cette attaque.

La grue est l'animal qui symbolise le vent. Harmonieux, de nature digne, il démontre son équilibre par ses poses sur une patte. Ses longues ailes incarnent la légèreté dans les mouvements et sa capacité à dévier des attaques. D'un coup d'aile, la grue peut se mettre hors de portée des griffes d'un prédateur.

Le vide

Le vide contient le tout universel. C'est l'espace qui permet à chacun des éléments d'exister. Pour l'art martialiste accompli, le vide signifie la maîtrise de chacun des éléments. Le vide s'exprime par sa capacité à utiliser le bon élément au bon moment et par sa capacité à changer d'élément au besoin. Peu d'arts martiaux offrent cette étude de tous les éléments. Je n'ai connu que le Bujinkan de Maître Hatsumi qui autorise l'apprentissage des quatre éléments au sein d'un même enseignement.

Un pratiquant d'art martial ne peut être complet s'il se limite qu'à un ou deux éléments. Un jour ou l'autre, il perdra un combat parce qu'une des pièces du puzzle manquera. L'être humain est un être en perpétuel mouvement. Son humeur change plusieurs fois par jour, il est constamment à la merci de ses émotions. Vous vous levez un matin avec un plein d'énergie incroyable, votre attitude lors d'un combat ne pourra être la même que si vous vous êtes levé déprimé, fatigué. Votre stratégie de combat devra s'adapter lors de situations aussi différentes. Que se passera-t-il si vous n'avez pas les outils nécessaires pour vous ajuster à chacune des situations ? L'être humain est un être dominé par ses émotions. Il faut accepter cette réalité et développer ses capacités martiales en fonction de cette réalité.

Afin de bouger librement autour d'un adversaire.

Maître Hatsumi a déjà dit que si les griffes du tigre ne peuvent nous toucher, elles ne sont pas dangereuses. Il exprimait à sa manière l'idée de se déplacer hors de la portée de ces griffes. Le vide c'est cette faculté que doit posséder l'art martialiste afin de bouger librement autour d'un adversaire, sans lui laisser l'opportunité de pouvoir nous atteindre.

Le dragon symbolise le vide. Il possède les griffes du tigre, la flexibilité du serpent, l'agressivité du léopard), le vol de la grue sans compter qu'aucun animal ne peut mieux symboliser l'utilisation du feu que le dragon. Tout comme le vide a en lui chacun des éléments, le dragon renferme les caractéristiques de chacun des animaux des arts martiaux chinois. Chacune de ses caractéristiques lui permet de s'adapter à toutes sortes de situations. Malheureusement, la plupart des arts martiaux n'intègrent qu'une ou deux de ces particularités.

Le vide est cet état d'esprit où l'on se connecte aisément au mental de l'adversaire. On ne prépare pas de stratégie, on attend. On ne se bat pas contre un adversaire, mais avec lui. Cette maîtrise nous met en harmonie avec tout ce qui nous entoure, y compris notre adversaire.

La Stupa

D'origine tibétaine, cette représentation symbolique illustre bien la relation des éléments. La base du stupa représente la terre. L'image de stabilité est bien illustrée ici par ce socle solide qui soutient tout le reste de la structure. C'est la base de l'édifice, de notre formation martiale.

Le deuxième niveau est l'eau. À cause de sa masse, l'eau ne peut rester en suspension dans l'air, elle tombe. Elle a besoin de la terre comme support. La terre est solide, on peut la tenir dans nos mains, on peut la frapper et sentir son contact. L'eau est moins dense. On ne peut la retenir facilement dans nos mains, mais elle aura tendance à s'infiltrer dans chaque endroit laissé à découvert. L'eau possède la caractéristique de pouvoir s'adapter, elle occupe tous les espaces qu'on veut bien lui laisser.

Le feu ne peut occuper le même espace que l'eau. On peut voir le feu, on peut sentir le feu, mais on ne peut contrôler la flamme nue dans nos mains. Elle est là, elle existe, on peut sentir ses effets, mais elle est difficile à contrôler sans protection permettant de minimiser ses effets. Le feu par lui-même ne peut exister. Il a besoin de l'élément solide ou liquide pour le soutenir et l'alimenter.

Le vent occupe notre quatrième niveau. On ne peut le voir, on ne peut le prendre, mais on peut le sentir. Le vent interfère sur les autres éléments, mais tout seul il n'est rien. Il ne ferait qu'exister sans conséquence d'aucune sorte.

Notre dernier élément, le vide, est celui qui contient tous les autres. Sans le vide, le vent ne pourrait se déplacer, le feu ne pourrait prendre son expansion, l'eau ne pourrait pas jouir de sa liberté et on ne pourrait pas prendre conscience du solide de la terre.

Le vide ou le dragon est probablement le stade ultime à atteindre pour un pratiquant d'art martial. Pour y arriver on doit apprendre à maîtriser l'utilisation des jambes, du centre *hara*, du plexus, des épaules et de tout le corps. Le corps humain est un tout et il faut apprendre à l'utiliser dans son ensemble.

Quel élément suis-je ?

Tout art martialiste devrait être conscient de son élément de base. Est-ce que je suis du style Obélix, immuable qui a la corpulence et la stabilité nécessaire pour frapper fort et sans effort. Est-ce que je suis davantage du style de Zorro, capable de reculer de quelques pas afin de se battre contre plusieurs adversaires à la fois ? Peut-être suis-je du style Rambo qui va toujours de l'avant sans qu'aucune balle ne puisse l'atteindre ? À moins que je ne sois du style Jacky Chang, capable d'éviter tous les obstacles d'un simple pivot du corps.

Naturellement, ces exemples sont caricaturés. Il n'en reste pas moins un fond de vérité dans chacun de ces personnages. Il faut apprendre à bien se connaître et accepter le fait qu'on ne soit pas complet, qu'il y ait des lacunes dans notre personnalité. Mais il ne faut pas se décourager, une lacune, ça peut se corriger, il s'agit de faire l'effort requis.

Pour qu'un art martialiste soit complet, il se doit de développer ces quatre éléments. La prise de conscience est la première étape vers la maîtrise des éléments. Combien d'années vous êtes-vous entraînés sans même réaliser leurs existences ? Généralement, on choisira le style ou l'élément qui est le plus naturel pour nous. De cette façon, l'apprentissage semble plus facile. Il faut apprendre à choisir et à pratiquer davantage les techniques avec lesquels nous ne sommes pas à l'aise.

Lorsque des étudiants m'accompagnent lors de voyage au Japon, je prends toujours plaisir à voir quel sera leur professeur japonais préféré. Habituellement, il préfère celui qui leur ressemble le plus, celui dont l'enseignement ne leur donnera pas trop de misère. À partir de ce moment, je leur conseille de mettre davantage d'emphase avec le professeur qu'ils aiment le moins. C'est probablement lui qui pourra pour une période de temps, leur apporter ce qui leur permettra de progresser le plus rapidement. Une fois que ce processus est accompli, ils réalisent alors qu'ils ont davantage progressé en un court laps de temps. Il est naturel de choisir ce qui est le plus facile pour nous et qui enseigne le type de technique que l'on préfère. Mais un bon guerrier doit apprendre à affronter et à surmonter les difficultés.

La plupart des gens ne pourront probablement jamais développer les quatre éléments de la même façon. Il demeurera toujours quelques points faibles sur les éléments qui ne leur sont pas naturels. Mais peu importe, la connaissance de base des autres éléments sera un atout indispensable pour devenir un guerrier plus complet.

Alignement des os

Très peu de ceintures noires sont capables d'aller chercher plus de 50 % de leur capacité de frappe. Lorsque l'on discute avec des ceintures noires qui ont perdu un combat dans la rue, la même phrase revient : « j'avais l'impression que mes coups ne lui faisaient rien, que j'étais incapable de lui faire mal ». Même si en frappant dans un sac d'entraînement, celui-ci recule fortement, il s'agit la plupart du temps d'une poussée inconsciente en fin de mouvement et non de l'énergie de la frappe elle-même. Lorsque l'on donne un coup de poing à un adversaire, il est important que ce soit son corps qui absorbe l'énergie de la frappe et non notre corps. Si notre épaule recule pour amortir le contrecoup, une partie de l'énergie de notre attaque nous est donc retournée, diminuant ainsi notre force d'impact. Le meilleur moyen de vérifier votre alignement des os consiste simplement à garder la position de votre corps au moment de l'impact maximal. En demeurant statique, un partenaire pousse sur le poing dans la même direction d'où venait le poing. Pour les besoins de l'exercice, on frappera du bras du même côté que la jambe qui est devant.

À partir de là, prenez conscience de la solidité de votre structure. Si l'épaule a tendance à reculer, cela signifie qu'il y aura une perte de puissance au moment de l'impact du poing. Si c'est le cas, sans déplacer votre corps, ramener votre poing à la verticale comme sur la photo ci-dessous.

Refaites le même processus en poussant fortement contre le bras qui frappe. Comme sur la photo suivante, mettez tout votre poids contre le poing. Prenez soin de fermer le poing arrière et de l'amener près du cou afin d'obtenir la structure osseuse la plus solide possible. Prenez également soin d'aligner votre genou avant dans la même direction que le poing. Si le poing et les jambes ne sont pas bien alignés, il y aura une perte appréciable de la puissance du coup de poing

Après avoir testé la solidité de la structure, refaites le même exercice en déposant le poing arrière sur la hanche. Remarquez la perte de stabilité.

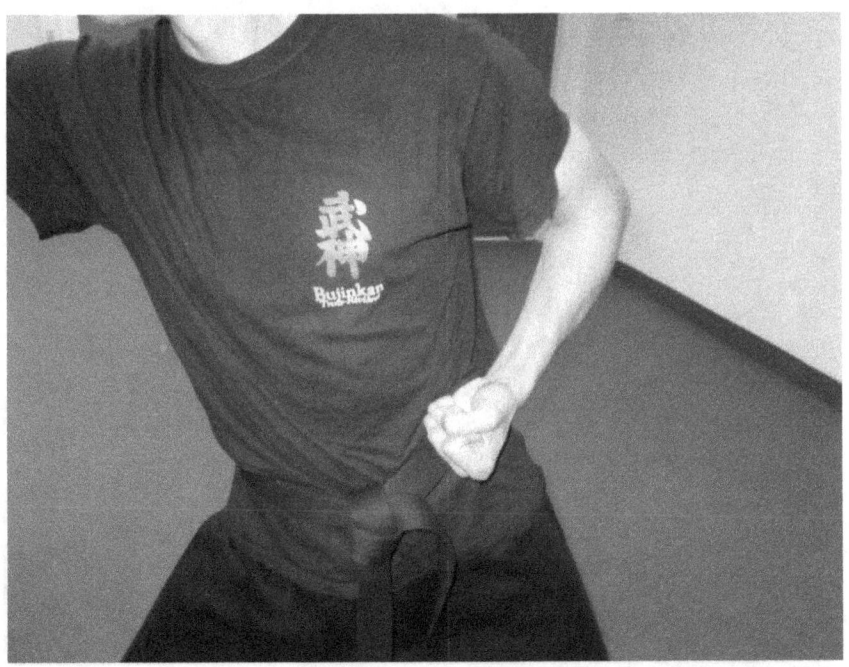

Après avoir fait ces exercices, vous commencerez probablement à réaliser l'importance d'un bon alignement des os. Nous allons pousser l'expérience un peu plus loin. Refaites le même exercice en prenant soin d'obtenir l'alignement des os le plus solide qui soit. Une fois la posture bien réglée, déplié simplement le petit doigt du poing arrière et recommencer le même exercice de pousser sur le bras.

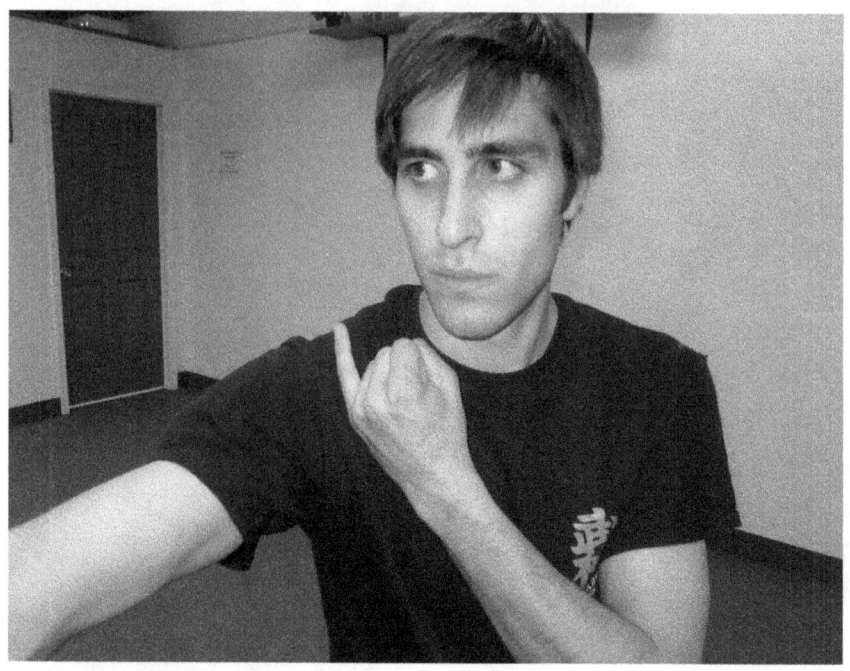

Vous constaterez probablement que vous perdez une grande partie de votre stabilité simplement en dépliant ce doigt. Des os aussi minuscules que ceux de votre auriculaire peuvent affecter de manière incroyable votre puissance de frappe. Le cumulatif de quelques petits os du corps qui sont mal positionnés peut faire toute la différence lorsque vient le temps de se défendre contre un adversaire en situation réelle. On appelle ce principe l'alignement des os. Sans cet alignement, vous ne pouvez atteindre votre plein potentiel lorsque vient le temps de frapper. Ce principe s'applique également aux techniques de saisie de style judo ou ju-jitsu. Ce petit exercice de vérification de l'alignement des os devrait être fait régulièrement. Il permet de prendre conscience des déformations qui peuvent se présenter au cours de l'entraînement.

En refaisant cet exercice régulièrement, vous pourrez corriger le positionnement de vos hanches, de vos genoux, de votre coude et du corps en entier. Sur un coup de poing optimal en puissance, vous devriez être en mesure de résister à une poussée puissante sans que votre bras ne pli trop facilement et sans que votre corps recule. Selon la distance, l'angle de notre poing variera.

Dans beaucoup d'écoles d'arts martiaux, le poing qui ne frappe pas demeure sur la hanche, poing fermé, paume vers le haut. Refaites le même exercice de vérifier l'alignement sur une distance longue, mais cette fois-ci, appuyez votre poing qui est sur la hanche, paume vers vous et constatez la différence de stabilité. L'angle de la main peut nous aider à gagner en stabilité, donc en puissance.

Ishiki, la prise de conscience est un outil extraordinaire lorsqu'il est utilisé à bon escient.

La compétition consiste le plus souvent dans le combat léger, à toucher l'adversaire. De mauvaises positions d'alignement sont ainsi prises sans que l'art martialiste s'en rende vraiment compte. *Ishiki,* la prise de conscience est un outil extraordinaire lorsqu'il est utilisé à bon escient.

Autre cause majeure de perte de puissance, les genoux. Il est important pour un rendement maximal que les genoux soient alignés avec les orteils. Il sera facile pour vous de vérifier ceci en frappant les genoux désalignés et en comparant avec le bon alignement. Les boxeurs développent naturellement un bon alignement des os. Leurs frappes sont fortes, toujours bien appuyées. Cependant ils ont rapidement compris qu'ils doivent adapter les frappes à chaque boxeur. À cause du poids et de l'encombrement des gants, l'angle des mains va varier au moment de l'impact.

Les femmes ont un centre de gravité plus bas, donc l'alignement des os devra varier un peu. Face à un même adversaire, une personne de haute taille ne pourra pas utiliser le même alignement des os pour donner un coup de poing au visage qu'une personne de petite taille. Un culturiste au bras développé devra ajuster sa technique de frappe à la configuration de son corps. Bien qu'il n'y ait pas de technique de frappe qui soit totalement universelle, il y a cependant des principes qui nous guident à travers toutes ces frappes. C'est à travers la conscientisation et la compréhension de ces principes que l'art martialiste aguerri pourra développer son maximum de puissance.

Les *shutos*

On peut adapter ensuite ces principes à diverses façons de frapper comme des *shutos*. En *ninjutsu*, le *shuto* ne se donne jamais la main allongée, tranchante. Le poignet est une articulation faible qui n'a pas une très grande résistance latérale. L'os du tranchant de la main est également un os fragile. Il n'est pas rare de voir cet os se fissurer chez les casseurs de planches. Le *shuto* en *ninjutsu* se donne la main repliée, le pouce sur le dessus et en travers, s'appuyant sur l'index. On frappera alors avec la partie charnue à l'intérieur de la main, alignant ainsi notre point d'impact avec le bras et le poignet. Lorsque j'ai fait la rencontre de ce type de *shuto*, je me suis posé la question à savoir pourquoi le *shuto* était enseigné de cette façon.

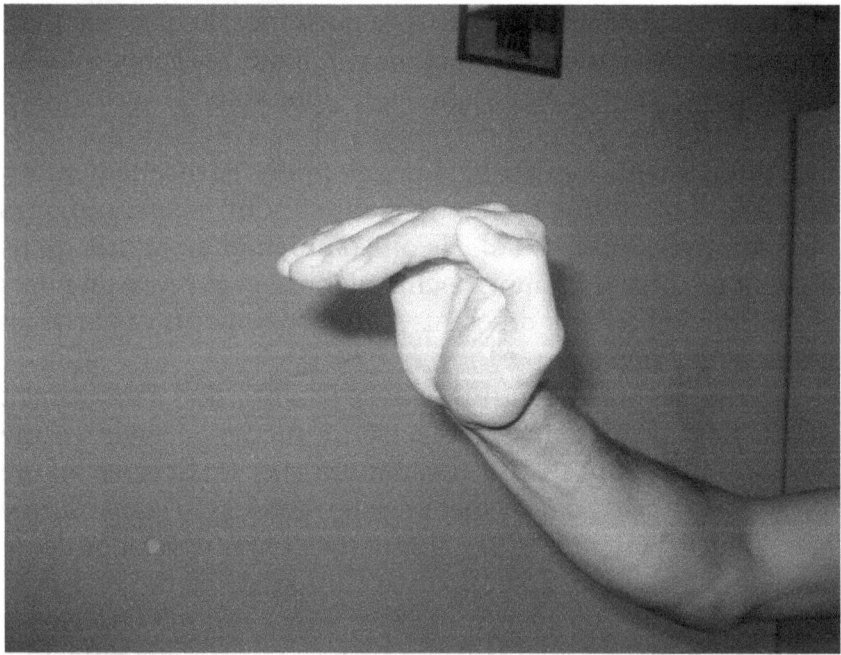

Le *shuto* était généralement utilisé pour atteindre des cibles très spécifiques. On recherchait surtout les endroits où il y a des *kyushos*, ces endroits susceptibles de créer des dysfonctions motrices ou de causer des douleurs pouvant parfois mener à l'évanouissement. Le *shuto* s'applique particulièrement bien à des endroits comme l'intérieur des avant-bras, ou le côté du cou. Il y a un plexus de chaque côté du cou. Cette cible est idéale pour ce type de frappe.

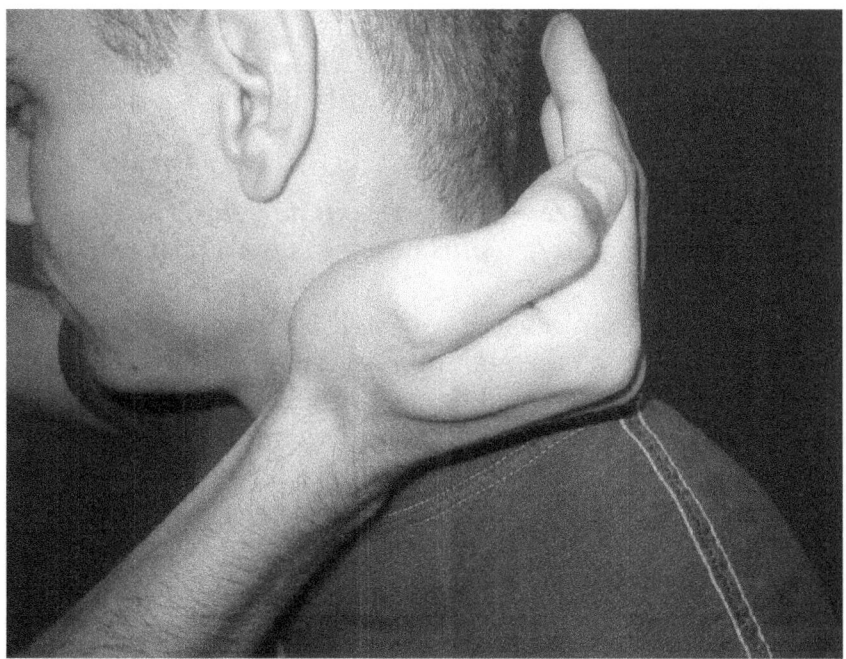

Un ami art martialiste de plus de trente années d'expérience m'a donné une réponse qui porte à réfléchir. Les premiers balbutiements du karaté qui sont arrivés jusqu'à nous l'ont été par des soldats américains qui ont séjourné au Japon après la Seconde Guerre mondiale et qui y ont appris le karaté. Imaginez le scénario : les Américains viennent de jeter deux bombes atomiques sur la tête des Japonais et ils voudraient que ceux-ci leur enseignent tous leurs secrets ! Face au « gros et grands » soldats américains qui cherchaient souvent à battre les « petits » Japonais à la sortie des bars, ceux-ci leur ont légué ce que mon ami appelait des cadeaux empoisonnés. En faisant beaucoup de frappes avec un *shuto* allongé, le tendon du petit doigt s'écrase graduellement l'empêchant ainsi de pouvoir se refermer complètement. Dans une confrontation avec ces militaires un peu tapageurs, les petits doigts devenaient alors des cibles de choix. Cette explication de la raison des *shutos* allongés peut sembler étrange aujourd'hui, mais si l'on se rapporte à l'époque, elle prend tout son sens.

Beaucoup de coups de pied ont ainsi leurs petites différences avec ce que l'on apprend en dojo. Il n'est pas rare de voir des arts martialistes qui pratiquent depuis quelques années, souffrir de maux de dos, conséquence du mauvais alignement de leurs os lors de coups de pieds.

> ***C'est un alignement négatif qui ne peut être que dommageable à plus ou moins long terme.***

Dans beaucoup d'écoles, on exige le claquage de kimono sur certaines frappes prétextant une plus grande puissance. Chaque fois que le coude va au bout de son articulation, on assiste à une légère détérioration de l'articulation. C'est un alignement négatif qui ne peut être que dommageable à plus ou moins long terme. Ce même alignement négatif s'applique aussi aux coups de pieds. Le claquage d'articulations ou même du bas du dos sur certains coups de pieds sont un cadeau empoisonné légué dans un but de survie. On ne peut donc leur en vouloir, il nous appartient de vérifier si ce qu'on enseigne est oui ou non dommageable pour nos étudiants.

Troisième triangle

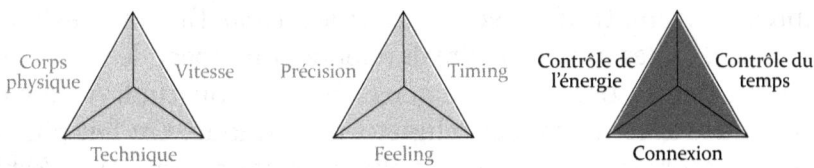

Le dernier triangle sera, à l'occasion, effleuré un jour ou l'autre par la majorité des arts martialistes sans qu'ils ne s'en rendent compte. Cet accès à ce niveau est le plus souvent accidentel, il ne se reproduira probablement plus à moins de porter conscience à cette nouvelle réalité martiale. L'accès continu à ce triangle n'appartient qu'à ceux qui ont atteint le stade de la maîtrise. Seuls les grands de la trempe des Ueshiba, Hatsumi et de quelque grand Maître, pourront utiliser à leur gré les ressources extraordinaires de ces niveaux supérieurs des arts martiaux.

Spiritualité et connexion

Après avoir maîtrisé la technique et le *feeling*, l'adepte désirant avoir accès à ces niveaux devra développer un aspect de lui-même qui fait peur à beaucoup de gens, l'aspect spirituel. À ne pas confondre avec un aspect religieux quelconque. On fait plutôt appel à l'esprit qui est la partie la plus évoluée de notre être. C'est à ce niveau que tous les êtres vivants sont reliés entre eux. Peut-être que pour beaucoup de personnes ça sera plus facile à comprendre si l'on définit ce côté du troisième triangle par la connexion.

Le vrai maître d'arts martiaux est celui qui perçoit les intentions de ses adversaires avant même que le corps ne trahisse une seule pensée de celui-ci. En combat, l'adepte de ce niveau n'a rien à craindre d'un adversaire plus rapide ou plus fort, car il sait d'avance quel type de frappe ou d'attaque son agresseur va utiliser. Il sait à quel moment il va bondir pour l'attaquer. Il connaît l'état d'esprit dans lequel il se trouve.

Stephen K. Hayes racontait un jour que Masaaki Hatsumi le professeur avec lequel il étudiait à l'époque, 34e grand maître de *Ninjutsu Togakure*, lui avait dit lors d'une démonstration, de l'attaquer par l'arrière au moment où il jugerait qu'il pourrait le prendre par surprise. À un certain moment, M. Hayes attaqua Maître Hatsumi rapidement par-derrière en ayant la certitude que celui-ci ne pourrait parer son attaque. C'était sous-estimer la perception incroyable que possède Maître Hatsumi. M. Hayes faillit tomber en bas de la scène, le Maître esquivant l'attaque à la toute dernière seconde. On peut voir par cet exemple la connexion qui s'établit entre l'art martialiste et ce qui l'entoure. Un autre exemple est donné par les élèves de Maître Ueshiba qui un jour d'hiver, lors d'une tempête, demanda à ses disciples de mettre deux couverts de plus. Ces derniers se posèrent de sérieuses questions sur l'équilibre psychologique de leur maître, aucun visiteur n'étant prévu. Quelques minutes plus tard, deux voyageurs égarés frappaient à la porte.

Plus récemment, alors que j'étais au Japon et qu'il y avait foule au dojo, Hatsumi sensei nous faisait pratiquer une technique de *bo* le bâton de presque deux mètres. Comme c'est trop souvent le cas, certaines personnes s'entraînent comme s'ils étaient seuls dans la salle. Ce jour-là, un étudiant de cette catégorie était présent, un homme dans la trentaine qui dérangeait tous ceux qui gravitaient autour de lui. Sensei Hatsumi discutait avec un japonais lorsque le *bo* de cet étudiant à l'énergie mal canalisé s'apprêtait accidentellement à frapper Maître Hatsumi derrière la tête. À la dernière seconde, il fit un court pas vers l'avant, laissant le bâton rencontrer le vide. Durant un court instant, il a regardé dans la direction d'où venait l'attaque involontaire puis, comme si de rien n'était, il a repris sa discussion avec son interlocuteur. Ce genre de démonstration m'impressionne beaucoup plus que n'importe quelle autre exhibition de puissance tenant davantage du spectacle que de la connaissance martiale.

Lorsqu'un adversaire se présente devant nous, il fournit de l'information que nous ne savons pas toujours bien interpréter. Son positionnement le limite dans ses attaques, l'angle de notre corps l'obligera probablement à limiter encore plus ses possibilités d'attaque. Au niveau du troisième triangle, toute la stratégie du positionnement est analysée inconsciemment, instantanément. Cette analyse permet de réagir et de pressentir l'attaque avant même qu'elle ait lieu. Il devient alors facile pour une personne du troisième triangle de parer les attaques de l'adversaire. Mais avant même qu'il y ait eu une action offensive, on peut percevoir l'énergie et l'intention de l'attaquant. Cela s'appelle du *satchijutsu* et du *sakkijutsu*, des techniques qui s'enseignent encore dans certains arts martiaux.

Il va sans dire que seul un cœur pur, ne recherchant aucune valorisation pour lui-même, peut espérer atteindre un tel niveau. Combien de pseudos maîtres portant de merveilleux kimonos de satin devraient revoir leur grade s'ils avaient l'honnêteté d'un cœur pur ? Au troisième triangle, l'égo n'a plus sa place, l'art martialiste est loin au-dessus de ce mode de pensée.

L'interconnexion spirituelle permet de pressentir des dangers accidentels ou volontaires plusieurs heures avant que le danger lui-même ne survienne. Tous, un jour ou l'autre, avons accédé à ces facultés. Même les personnes ne pratiquant aucun art martial connaissent ce phénomène. L'impression furtive qu'un problème ou un danger quelconque va se présenter. Le sentiment de rencontrer une personne que l'on n'a pas vu depuis longtemps et que l'on croise dans la journée. Le problème est que malheureusement nous n'avons pas toujours accès à cette merveilleuse intuition, contrairement au maître qui lui, est constamment connecté.

Dès que l'on pénètre dans le monde des arts martiaux, en délaissant l'aspect moderne de la compétition, on s'aperçoit que l'on approche d'un monde tellement extraordinaire que les maîtres ne peuvent dévoiler toutes les vérités au profane que nous sommes. Nous ne sommes pas prêts pour accepter ces choses qui dépassent souvent l'entendement logique. Et curieusement, si un maître décide de nous révéler les moyens d'y arriver, nous ne l'écouterons probablement pas, ayant notre conception de ce que devrait être un bon art martialiste.

Le contrôle du temps

Dans ce monde étrange, le contrôle du temps succède à la vitesse et au *timing*. Non pas la possibilité de voyager dans le temps, mais la faculté de voir les mouvements ou les objets se déplacer lentement, comme au ralenti. Souvenez-vous, cela vous est sûrement arrivé de voir tomber un objet ou d'éviter un accident de voiture avec l'impression que toute l'action se déroulait au ralenti. Les coureurs automobiles connaissent bien ce phénomène. Celui qui maîtrise le troisième aspect de cette facette du triangle voit le déroulement des scènes au ralenti lorsqu'une multitude d'actions se passe dans la même seconde. Même s'il se défend contre un adversaire extrêmement rapide, les coups ne peuvent l'atteindre. Il a tout son temps pour contrer, bloquer ou contre attaquer au besoin, car il entre dans une trame temporelle différente de celle dans laquelle son adversaire évolue. Il arrive également, pour ceux qui ont la chance de s'entraîner avec des personnes de haut niveau, d'être amené avec eux dans cet état d'esprit particulier, où ils ont l'impression que la personne qui fait la technique avec eux le fait au ralenti, laissant amplement le temps de penser à tous les déroulements différents que la technique s'effectuant à cet instant, pourrait prendre. Dans cet état d'esprit particulier, on ne se bat pas contre un adversaire. Cette notion d'opposition bloque une grande partie de la connexion possible entre les deux. On se bat avec un adversaire comme on danse avec une partenaire. Si la peur domine, la connexion avec l'adversaire devient difficile. C'est un lien harmonieux qui doit s'établir entre les deux. Cet état d'esprit nous libère de l'attente stressante d'une attaque. Pour mieux comprendre cet état, faites l'exercice suivant.

Sur une attaque de poing, pensez : « quand il va attaquer, il faudra que je le bloque ». Répétez-vous ces mots plusieurs fois afin de créer un stress au moment où vous recevrez l'attaque. C'est inconsciemment ce que tout le monde se dit lors d'un combat en situation réelle. Lorsque le poing va arriver, déplacez-vous vers la gauche en laissant passer le poing. Si vous êtes incertain, utilisez votre main gauche pour rediriger l'attaque de votre partenaire. Pour recevoir l'attaque, positionnez-vous debout, en *shizen* (posture naturelle), les bras le long du corps. Il faut que celui qui frappe le fasse avec le maximum de vitesse afin de vous obliger à réagir. Acceptez de vous faire frapper à la poitrine si vous n'êtes pas assez rapide pour bouger.

Attente *shizen* devant l'adversaire

Votre partenaire donne un punch droit, vous bougez à gauche pour l'éviter. Vous pouvez utiliser l'une de vos mains pour vous protéger si vous ne vous sentez pas à l'aise avec cela.

Refaites maintenant le même exercice en vous disant plutôt: « je suis prêt et j'espère que l'attaque va venir ». Cette façon de penser nous permet de ne pas avoir le stress de l'incertitude du moment de l'attaque. Pour les besoins de l'exercice, espérer l'attaque plutôt que de la craindre. Cette façon de penser nous permet d'être prêts à recevoir l'attaque. Nous ne sommes plus dans une phase d'opposition, mais d'harmonisation. Vous constaterez qu'il est plus facile pour vous de vous déplacer. Vous aurez l'impression de ne pas avoir besoin de bouger rapidement pour éviter l'attaque. Naturellement, il y a d'autres exercices plus compliqués pour développer ce lien empathique, mais ce n'est jamais facile d'expliquer ces techniques par écrit.

On dit qu'on ne doit jamais penser lors d'une confrontation. Curieusement, cette trame temporelle nous laisse tout le temps de réfléchir, de penser à différentes possibilités pour la contre-attaque. Elle nous permet de mieux gérer l'espace qui entoure les combattants, de dominer l'aire de combat. J'enseigne et j'ai longtemps été responsable de diverses activités où la foule dépendamment de l'activité, comptait entre 10 000 et 70 000 personnes. Un jour, je me suis fait attaquer par un jeune punk qui était sous l'effet de la drogue. Il m'a attaqué style avec un bâton comme si c'était une batte de baseball. Toute l'action s'est déroulée au ralenti. J'ai eu le temps de poser les questions à savoir si j'étais mieux de le menotter moi-même ou de me contenter de l'expulser lorsque je l'aurai contrôlé. J'ai également eu le temps de regarder un de mes agents qui était arrivé sur le fait et j'ai pu voir la stupéfaction sur son visage au moment de l'attaque.

Voici un autre exercice intéressant pour constater comment notre cerveau peut percevoir la vitesse de différentes façons. Placez-vous debout, en position naturelle pour attendre l'attaque de votre partenaire. Mais au lieu de le regarder lui, regardez au niveau du sol, sur son côté droit. Contentez-vous de fixer le sol en attendant l'attaque. Au moment où le poing arrive, remarquez comment il devient facile pour vous de bouger afin d'éviter l'impact. Je suis d'accord que lorsque l'on débute dans les arts martiaux, il vaut mieux fonctionner par automatisme et ne pas réfléchir. Mais après un certain temps, ce n'est plus vrai. Il faut apprendre à réfléchir tout en agissant.

Le contrôle de l'énergie

Dernière étape de la maîtrise, qui succède à la puissance et à la précision, le contrôle de l'énergie. L'utilisation adéquate du *kiai* entre en ligne de compte. Tous les pratiquants de style comme *l'aïkido*, le *judo* ou le *ninjutsu* connaissent bien le principe d'utiliser la force de l'adversaire pour la retourner contre lui. Mais ça va plus loin que ça. En même temps que l'on effectue la technique, on peut créer des douleurs telles que l'adversaire perdra le contrôle total de son énergie. Il n'aura plus la volonté, ou du moins, la possibilité de canaliser son énergie contre son adversaire.

Ce contrôle englobe également la possibilité de retourner l'énergie d'un coup frappé à un point tel que le frappeur se blesse sur sa victime. Maître Ueshiba a démontré publiquement et en plusieurs occasions, ces possibilités de retourner l'énergie de l'agresseur contre lui-même. Il existe des techniques pour stabiliser ou donner l'impression d'augmenter le poids de son corps de façon à ne pouvoir être déplacé par l'attaquant. Ces principes font également partie de l'utilisation du troisième triangle.

> *Un regard exprimant la confiance est souvent suffisant pour stresser l'adversaire et lui engendrer une rapide baisse d'énergie.*

Lorsque l'on parle de prendre l'énergie de l'adversaire, il n'y a qu'un pas à faire pour pénétrer dans le monde de l'ésotérisme. Pourtant, prendre l'énergie de l'adversaire est beaucoup plus psychologique qu'ésotérique. Un regard exprimant la confiance est souvent suffisant pour stresser l'adversaire et lui engendrer une rapide baisse d'énergie. Lui donner la certitude qu'il va nous avoir et esquiver l'attaque à la dernière seconde est suffisant pour créer un doute dans son esprit et l'amener à avoir une baisse significative d'énergie. Cette science du combat s'appelle *kyojutsu*.

Il va sans dire que cet aspect du triangle sous-entend un esprit sain dans un corps sain. *Ishiki* est un mot clef dans le *budo* japonais. Il désigne la conscience. Il ne peut y avoir d'accès au troisième triangle si un travail important n'est pas fait à cet égard. Conscience de nos capacités, conscience de la situation, conscience de l'adversaire, et finalement, conscience de notre manque de conscience.

Pour ce qui est du corps, une alimentation saine est déjà un pas dans la bonne direction. Comment voulez-vous que le corps puisse travailler efficacement si une partie majeure de son énergie travaille à désintoxiquer l'organisme ? Même s'il est difficile d'accès, ce troisième triangle se devrait d'être un but pour tout art martialiste qui a compris ce qu'est la voie, le *do*.

Une autre étape pour atteindre ce niveau débute par un bon contrôle de la respiration. Naturellement, on parle de respiration ventrale, bien centrée sur le centre *hara* plutôt qu'une respiration du haut des poumons. Ce n'est pas un hasard si Bouddha a toujours une petite bedaine dans ses représentations.

> **Dans un combat de rue, si l'on ne contrôle pas la douleur, on a toutes les chances de perdre son combat.**

Toutes les ceintures noires que je forme apprennent des techniques de contrôle de la douleur. Il m'est arrivé d'enseigner à des ceintures noires regroupant plus d'une quinzaine de styles d'arts martiaux différents, des techniques où l'on se frappait violemment sur le nerf radial (poing de pression sur le bras) ou d'autres nerfs. Je dirais que les deux tiers du groupe devenaient dysfonctionnels durant plusieurs secondes après seulement une ou deux frappes. Ces gens n'avaient jamais appris à encaisser et à apprivoiser la douleur. L'équipement de protection utilisé dans les cours ne leur avait jamais permis de sentir de réelles douleurs. Dans un combat de rue, si l'on ne contrôle pas la douleur, on a toutes les chances de perdre son combat.

L'étude du point *ki* est une base essentielle pour l'approfondissement du troisième triangle. Pour ceux qui n'ont pas la chance d'avoir un professeur formé aux techniques du *ki*, il existe plusieurs bons livres traitant du sujet sur le marché.

Cette étude du *ki* permet d'utiliser le plein potentiel du corps et de l'esprit. Il permet d'aller chercher les forces cachées qui permettent au corps et à l'esprit de continuer le combat là où la plupart des gens abandonnent faute d'énergie physique et morale. La connaissance du point *ki* permet également d'avoir un corps bien centré, condition essentielle pour des déplacements fluides, sans perte d'équilibre.

Le contrôle de l'énergie comporte bien des facettes. Chaque mouvement demande de l'énergie pour être exécuté. Chaque frappe génère de l'énergie au moment de l'impact. Il faut apprendre à générer le maximum d'énergie avec un minimum de dépense. Cela est vrai à mains nues et c'est également vrai lorsqu'on utilise des armes. Prenons par exemple le *hanbo jutsu*, ce court bâton d'un peu moins d'un mètre. La plupart des gens jugent que les frappes effectuées à l'aide de cette arme ne peuvent peu ou pas causer de dommages sérieux. C'est peut-être vrai aux mains d'une personne qui est incapable d'effectuer un transfert d'énergie adéquat. Une des façons de frapper avec cette arme se fait comme sur la photo ci-dessous.

Au moment de bloquer, on doit déplacer notre corps en pivotant légèrement le bassin et en pliant les genoux. Si la frappe ne se fait qu'en utilisant la force des bras, l'impact sera négligeable. Il faut apprendre à utiliser tout le poids de son corps. La puissance du bloc vient des jambes et du bassin combiné à un pic d'énergie du centre *hara*. Lorsqu'on apprend à transférer ainsi le poids et l'énergie des mouvements du corps avec un bâton aussi petit, il devient facile de briser les os de l'avant-bras. En testant ce bloc sur un autre bâton de bois, on peut le sentir vibrer au moment de l'impact.

Un combattant qui maîtrise le troisième triangle devient intouchable. Il gagne ses combats avec un minimum d'efforts et de dépense d'énergie. Ce n'est que lorsque l'on maîtrise le troisième triangle à la perfection, qu'on peut alors se considérer comme un maître au sens traditionnel du mot.

Sortir du moule

Le moderne et l'ancien
On ne réinventera pas la roue. Les vieux maîtres ont probablement exploité tout ce qu'il était possible de faire martialement, avec le corps humain. Ils ont atteint des niveaux de dextérité qui leur ont valu le droit de porter ce titre de maître. Dans les vieux styles comme le *ninjutsu*, l'art martial était pratiqué dans un but de survie et non comme apprentissage personnel dans un seul but d'illumination. À cette époque, les techniques qui n'étaient pas au point étaient synonymes de mort. Il n'y avait pas de place à l'esthétisme, mais uniquement à l'efficacité. Les gens qui léguaient ces arts martiaux connaissaient concrètement ce qu'est un vrai combat. Ils n'en étaient plus à des suppositions philosophiques.

De nos jours, il n'est pas rare de voir des gens créer leur propre style d'art martial. Ce n'est pas mauvais, loin de là, à condition d'être conscient des limites de cet art. Il faut savoir dans quel but le créateur du style a échafaudé cet art. Si le style est créé pour la compétition, pour une mise en forme physique ou pour un cheminement spirituel, il n'y a pas de problèmes pourvu que l'étudiant qui étudiera cet art en soit conscient. Mais si l'on vend cet art comme art de survie, c'est là que les problèmes surviennent. J'ai déjà vu des professeurs enseigner des techniques de défense contre couteau qui était complètement irréalistes. Par exemple, bloquer une attaque au couteau d'un crochet de la jambe, laissant approcher ainsi la lame à quelques centimètres seulement de l'artère fémorale. D'autres qui enseignaient des blocs en X au-dessus de la tête pour contrer une attaque, ce qui expose les bras dangereusement et surtout inutilement. Il faut être lucide face à un combat réel. On ne réinventera pas la roue, d'autres ont déjà eu à faire les tests en situation réelle pour nous. Alors, pourquoi ne pas utiliser l'expérience qu'ils nous ont léguée ?

Le style est créé à l'image de qui ?

Lorsqu'un maître crée un style en fonction de ses besoins personnels, c'est là que les choses se gâtent. Le meilleur exemple que l'on peut donner est celui de Bruce Lee. Il était le plus grand. Il a créé son style à partir de seize sortes d'arts martiaux. Malheureusement, le style qu'il a créé prenait comme base un surhomme. C'est ce qu'il était. Son style est génial. Mais, personne n'a pu vraiment briller avec ce style. Oui il y a des personnes de talents qui l'enseignent, mais est-ce que tous les étudiants qui le pratiquent peuvent espérer être efficaces en situation réelle ? Il a conçu un style à son image, celle d'un athlète, placé bien loin au-dessus de tout le monde.

> *Chaque personne devait développer ses capacités en fonction de son âge, de son sexe, de sa force et de son tempérament.*

En situation réelle, un art martialiste ne doit pas imiter son professeur. Il n'a probablement pas la même grandeur, le même poids, la même force musculaire et le même tempérament. Transportez-vous six ou sept cents ans en arrière, à une époque où la survie du village dépendait de la capacité optimale de chacun de ses habitants. Chaque personne devait développer ses capacités en fonction de son âge, de son sexe, de sa force et de son tempérament. Là seulement vous commencez à avoir un groupe fort, capable de se défendre et de s'adapter à toutes sortes de situations.

Un bon art martial ne devrait jamais enfermer l'étudiant dans un canevas qui ne laisse pas de place à son évolution personnelle. Au contraire il doit lui permettre d'amplifier ses qualités naturelles et non de l'obliger à passer trop de temps à mémoriser et à développer des attitudes qui ne font pas partie de sa personnalité. Oui, une base technique commune est nécessaire, mais il ne faut pas que l'étudiant reste prisonnier trop longtemps de ce mode d'apprentissage. Maître Hatsumi enseigne qu'il ne faut pas être prisonnier de la technique. Il enseigne l'importance de la liberté du corps et de la conscience afin d'apprendre à réagir rapidement et efficacement. On ne devient pas un art martialiste efficace en collectionnant technique après technique. Dans ce type d'apprentissage, tout se joue au niveau de la mémoire et non au niveau du développement des habiletés. Naturellement, pour arriver à augmenter ces habiletés, ça prend un certain temps et surtout beaucoup d'entraînement. On doit maîtriser sa base avant tout. Il n'est pas rare voir des débutants essayer d'improviser des techniques alors qu'ils ne possèdent pas les bases nécessaires. Généralement, il est assez facile de faire ressortir plusieurs faiblesses à ces innovations.

Comprendre les principes

On ne pourra jamais créer un véritable maître d'arts martiaux en l'obligeant à imiter des techniques qui ne sont pas adaptées à son corps, à ses pensées et à ses émotions. Pour compenser dans la recherche de la voie, l'adepte n'a souvent pas d'autres choix que d'aller faire plusieurs arts martiaux différents. Tous les vieux maîtres d'arts martiaux possédaient des grades élevés dans plusieurs écoles différentes.

> *Derrière chaque technique, il y a des principes mécaniques, énergétiques qui reposent sur les lois de la physique et de la psychologie humaine.*

L'art martialiste doit en arriver à pouvoir pratiquer son art selon sa propre personnalité. C'est pour cela qu'il doit comprendre les principes plutôt que de collectionner des techniques rigides que tous doivent reproduire de la même façon. Cette compréhension des principes permet à l'art martialiste de comprendre la mécanique et la logique qui existe au sein même des techniques. Derrière chaque technique, il y a des principes mécaniques et énergétiques qui reposent sur les lois de la physique et de la psychologie humaine. L'art martial que l'on pratique devrait nous amener à comprendre ces principes.

Malheureusement peu d'arts martiaux offrent cette possibilité. La seule école que je connaisse et qui ne base pas tout son apprentissage sur la mémorisation d'une quantité impressionnante de techniques est celle de Maître Hatsumi. Ce qui ne veut pas dire qu'il n'y en a pas d'autres. L'enseignement y est essentiellement basé sur le *tai-jutsu*, ou l'art de bouger avec son corps. Cette école est la continuité d'une tradition vieille de 900 ans. Elle est la somme d'un nombre incroyable de combats en situation réelle, où les techniques pouvant conduire à la défaite ont été exclues, la survie étant le l'objectif ultime.

Une technique est une chorégraphie, trop souvent rigide, qui autorise une réponse déterminée à une attaque déterminée. Le coup de poing ou l'attaque au couteau doit entrer dans un angle bien précis. Tel type de bloc ne peut être utilisé que contre tel type d'attaque. Une technique de frappe bien déterminée s'utilise dans telle ou telle technique et non une autre. L'automatisme fera en sorte que cette frappe sera utilisée même si elle est inappropriée contre un adversaire à la taille plus impressionnante. Bref, les techniques sont utiles pour acquérir une base, mais il ne faut pas en demeurer prisonnier.

Le principe lui, va permettre au corps de s'adapter en fonction de plusieurs paramètres.

Un principe est plus souple. Il permet de s'adapter contre une attaque et ses diverses variations. Une même clé de bras ou de poignet ne peut se faire de façon exactement identique sur deux adversaires à la carrure et à la souplesse différente. Dans certains cas on devra bouger pour rendre possible l'action que l'on veut accomplir. La technique fait en sorte qu'on va appliquer la même pression dans le même angle sans tenir compte du facteur humain. Le principe lui, va permettre au corps de s'adapter en fonction de plusieurs paramètres. La connaissance des principes permet la création d'une technique efficace qui sera utilisée de la bonne façon au bon moment et qui généralement, ne sera utilisée qu'une seule fois. Comme il n'y a pas deux attaques identiques, une autre technique qui pourra certes lui ressembler, mais qui sera différente sera créée pour les besoins du moment.

L'art martialiste d'expérience doit apprendre à se détacher des techniques afin de devenir lui-même la technique. Il doit apprendre à se faire confiance et à délaisser le moule qui l'empêche d'évoluer. Lorsqu'on atteint cette étape, on profite alors pleinement de ce que les arts martiaux peuvent nous apporter. Le sentiment de devoir démontrer ses capacités cède la place à la confiance et à la tranquillité d'esprit que sont censés développer les arts martiaux.

Le temps de réaction

Le cerveau prend un certain temps à analyser l'information et à échafauder la stratégie nécessaire pour riposter à une attaque. Certains principes de base permettent de récupérer du temps lors de l'analyse de la situation. Malheureusement, rien n'est facile, il faut pratiquer suffisamment de fois pour créer un automatisme.

Lorsqu'un coup de poing arrive, le cerveau analyse la situation. Dans un premier temps, l'information est perçue par les yeux. De là, l'image se rend au cerveau et ce dernier doit interpréter l'information. Il constate qu'il y a une menace et il analyse la meilleure chose à faire dans cette situation. Après avoir structuré la solution à prendre, par le biais des nerfs, il envoie un message à une vitesse de 450 pieds/secondes. Une fois ce signal reçu, les muscles se mettent en mouvement. Le bras se lève, les jambes se positionnent et l'on essaie de contrer l'attaque en bloquant avec notre bras. L'automatisme nous permet de sauver du temps sur l'analyse de la situation et la solution à adopter. C'est cette fraction de seconde qui peut faire toute la différence entre la victoire et la défaite.

Prenons le cas de quelqu'un qui nous agrippe soudainement. Les chances qu'un étranger nous attrape par le revers du veston pour nous faire une blague sont peu probables, mais pas inexistantes. Est-ce bien sain alors de développer des réflexes de ripostes automatiques trop extrêmes ? Si votre seul réflexe est de donner un coup de poing au visage de l'agresseur, d'un point de vue tactique ce n'est pas la solution idéale sans compter le risque d'aller au-devant d'ennui juridique. Lorsque l'on voit venir le coup, il n'y a pas de problème, on a tout le temps d'analyser et de se préparer mentalement afin de bloquer l'attaque. Mais que se passe-t-il lorsqu'on n'a pas vu venir le coup ? Les automatismes sont des outils extraordinaires. Encore faut-il développer les bons. Voici quelques exercices qui permettent de créer certains automatismes. Ils reposent sur le principe d'utiliser la distance la plus grande possible entre nous et l'agresseur.

Exercice N° 1
Imaginez ici un adversaire que vous ne connaissez pas et qui veut vous poignarder. L'étranger s'approche de vous sans que vous puissiez vous méfier, car après tout, il y a tellement de monde ce soir dans la rue... Il vous saisit du revers du collet avec sa main gauche, afin d'avoir un meilleur appui pour faire pénétrer la lame, alors que de sa main droite, il pousse celle-ci profondément entre vos cotes. Votre réflexe est de frapper votre adversaire au visage. En effectuant cette manœuvre, vous rapprochez votre corps de la lame aiguisée. Avant même d'avoir pu réaliser ce qui se passait, le couteau est déjà tourné, prêt à être sorti de votre corps. Aussitôt la lame retirée, l'étranger s'éloigne déjà de vous sans que vous puissiez le retenir.

Ce qui semble facile à contrer, lors de séances d'entraînement où l'on connaît le type d'attaque et le moment de celle-ci, ne l'est plus autant lorsqu'il s'agit d'une agression surprise et dans un lieu que l'on ne soupçonne pas. Seuls des automatismes peuvent augmenter nos chances de survie face à de tels scénarios. Quelques principes simples peuvent nous aider à faire face à de telles situations. Ici, il faut créer l'automatisme de reculer dès que quelqu'un nous agrippe. On doit développer le réflexe de s'éloigner du point d'ancrage de l'adversaire. Créer de la distance est l'un des meilleurs atouts que l'on puisse avoir contre une multitude d'agressions.

Dès que l'on se sent saisi, on ne doit pas tenter de tirer la personne qui nous tient, mais plutôt tenter de pivoter notre corps afin de laisser le plus de distance possible entre nous et l'autre bras de l'agresseur. Le point d'ancrage se transforme en un point de pivot transformant la main qui nous agrippe en un obstacle à contourner. On retrouve ici notre petit principe de *kaname*, notre rivet qui relie l'éventail.

L'automatisme de créer cette distance nous permet ici d'agir sans réfléchir. Cette distance laisse une fraction de seconde de plus avant l'impact, permettant ainsi au cerveau d'établir la stratégie pour une riposte adéquate. Reculer ne se fait pas seul, on doit développer cet automatisme par de nombreuses répétitions. On s'éloigne afin de mettre le plus de distance possible entre nous et la lame. De plus, si l'on a pris soin lors de notre entraînement de prendre l'habitude d'appuyer notre main droite contre le coude de l'attaquant, il devient plus difficile pour lui de s'approcher efficacement de nous.

En appuyant derrière le coude de l'agresseur, on barre son bras et on gagne ainsi de la distance tout en réduisant la mobilité de l'agresseur. Tout de suite après, la main avant se positionne, les doigts pointés en direction de la gorge de l'adversaire ou de ses yeux, la main arrière faisant obstacle au niveau de la poitrine. (Mieux vaut un bras de coupé qu'un poumon perforé.) Si le mouvement a été bien fait, notre corps s'est reculé en même temps que la lame a avancé vers nous. La main avant, à la hauteur de ses yeux, a ralenti son attaque nous laissant ainsi un peu de temps pour élaborer une stratégie. Naturellement, contre une attaque au couteau, on ne devrait pas hésiter à prendre les yeux de l'adversaire pour cible. C'est là qu'il devient important de développer et de posséder ce que j'appelle l'instinct du tueur. Nous en reparlerons plus loin.

La main à la hauteur des yeux commande un réflexe de protection innée chez la plupart des gens normaux. L'adversaire passe ainsi d'offensif à défensif. Il est bon de s'habituer à piler sur le pied de l'adversaire, ça nous permet de mieux le situer dans le feu de l'action et de percevoir ses mouvements. Il est facile d'enchaîner ensuite avec une clé de bras pour placer l'attaquant sur le ventre.

Il est évident dans l'exercice décrit ici, que si un adversaire nous poignarde dans le dos sans agripper, l'automatisme ne rentre plus en ligne de compte. Il n'y a pas de techniques miracles, mais on doit saisir toutes les occasions offertes d'améliorer nos chances de survies à diverses attaques.

Exercice N° 2
Ce principe de s'éloigner du point d'ancrage s'applique contre des saisies de tout genre. Quelqu'un nous saisit par l'arrière et s'apprête à nous donner un coup de poing dans le dos. On sent le contact de sa main sur notre épaule ou la traction sur nos vêtements.

Il ne faut jamais essayer de résister en demeurant sur place. En résistant, on ne peut éviter l'attaque et en plus, on s'expose à un déséquilibre. À partir du moment où l'on sent la saisie, on fait un pas en s'éloignant du point d'ancrage et l'on pivote notre corps en plaçant nos deux bras entre nous et l'agresseur. Lorsque l'on s'éloigne de lui, on doit prendre une position large, souvent perpendiculaire à lui lorsqu'il s'agit d'une saisie par l'arrière. Le centre de gravité doit s'abaisser légèrement afin d'assurer une bonne stabilité. Grâce à la distance acquise, on peut élaborer rapidement une meilleure stratégie. L'automatisme nécessaire consiste simplement à s'éloigner en laissant la partie saisie derrière.

On peut voir ici que l'adversaire découvre son centre allant des yeux aux parties. Ce type de stratégie l'oblige à passer d'un mode offensif à défensif. On doit avancer de manière à créer le maximum de distance entre nous et l'adversaire. Si l'adversaire agrippe notre épaule droite arrière, on va avancer la jambe gauche vers l'avant et non la droite, ce qui nous laisserait près de lui. On doit prendre l'habitude de mettre nos bras entre nous et l'attaquant. Il faut que l'agresseur se sente obligé de contourner ces obstacles improvisés. Autre avantage de placer ainsi nos mains, il devient facile de saisir un bras ou d'aller porter les doigts aux yeux de celui qui nous a agrippé. On ne doit pas attendre d'être poussé ou tiré, ni d'être frappé. L'automatisme désiré est d'éloigner notre corps au maximum de la main qui nous a saisis. Le réflexe doit être automatique, sans laisser de place au questionnement. Si c'est un ami qui nous fait une blague, il ne sera pas blessé par ce déplacement.

Comme on peut le voir sur la photo ci-dessus, il est facile d'aller porter les doigts aux yeux. On peut endurcir nos abdominaux à recevoir des attaques, mais on ne peut se muscler les paupières.

Exercice N° 3
Il faut s'habituer à sentir de quelle direction vient l'agression. Les yeux fermés, notre partenaire d'entraînement se promène autour de nous, on doit s'éloigner dans la bonne direction lorsqu'il nous agrippe. On commence l'exercice par une saisie à une main pour continuer ensuite à deux mains.

La distraction

Le principe des distractions peut changer un combat à notre avantage en déconcentrant momentanément notre adversaire au moment où il attaque. On utilise ce court répit pour changer son processus de pensée d'offensif à défensif.

On peut gagner du temps en utilisant des choses aussi simples qu'un *kiai*. Personnellement j'aime bien enseigner à mes étudiants de crier « non » plutôt qu'un son quelconque. Lorsqu'il entend ce commandement verbal, l'agresseur entre inconsciemment en période d'analyse de la situation. Sa volonté de gagner le combat est confrontée à l'automatisme d'un ordre négatif. Il doit alors combattre cette suggestion directionnelle négative que lui impose sa victime. Au moment où il est en phase d'analyse, nous sommes nous-mêmes alors en phase de contre-attaque.

D'autres techniques de distraction peuvent nous permettre de récupérer un peu de temps. Si l'on a un objet dans les mains, on le lance lentement en direction des yeux de l'agresseur. Même s'il ne nous a pas agrippés, qu'il se dirige simplement vers nous, on peut l'amener à changer son schème de pensée simplement en lui lançant un objet au visage. L'objet n'est pas important. Pour faire pratiquer ce principe à mes étudiants, j'utilise simplement des papiers mouchoirs. L'agresseur se fait prendre ainsi plusieurs fois. On ne doit pas cependant pas lancer l'objet trop rapidement, il faut que le cerveau de l'attaquant ait le temps d'enregistrer la menace. Il tombe alors en mode défensif une fraction de seconde, nous permettant ainsi de désamorcer complètement son plan d'attaque.

Un autre principe simple de distraction se fait si l'on a quelque chose de suffisamment gros en main pour capter l'attention de l'attaquant. J'utilise souvent des chemises en papier, des revues ou même un cartable pour démontrer ces applications. Au moment où l'attaquant donne son coup de poing vers notre figure, je lève le cartable à la même hauteur en me tassant la tête. Je substitue l'objet à ma figure. Le poing adverse ne change pas de trajectoire, le cerveau n'a pas la vitesse de réaction nécessaire pour constater le changement de cible.

On peut également distraire l'agresseur en levant une main en direction de son visage. Le cerveau a cette merveilleuse faculté de vouloir tout analyser. En voyant la main se diriger vers sa figure, l'agresseur focalise sur ce danger plutôt que de se concentrer sur son attaque. Pour que ça soit efficace, le *timing* doit être précis. Il ne faut pas que ça soit trop tôt, ni trop tard, à la fin de son attaque.

On s'esquive légèrement vers l'intérieur en amenant notre main avant en direction du visage de l'agresseur.

Dans une situation de survie, on ne doit pas hésiter à prendre les yeux comme cibles. La plupart des gens n'ont pas le courage d'attaquer une telle cible. Pourtant, contre un adversaire plus puissant et dangereux, les yeux sont une cible de choix pouvant nous permettre d'éviter des blessures et parfois des séquelles à long terme.

Il est évident que l'on peut créer des distractions qui soient plus complexes techniquement. Mais mon but est surtout d'éveiller le lecteur à l'existence de ces principes. Il lui appartient de prendre la responsabilité de continuer par lui-même l'exploration de ce type de techniques.

Réagir à une clé de bras

On me demande souvent comment réussir à se sortir de clé de bras souvent compliquée. La réponse est simple, on doit réagir au moment où la clé s'effectue. Il existe en *ninjutsu* des contre-techniques qui permettent de se sortir de presque toutes les clés. Mais si on ne les a pas apprises et qu'on n'a pas eu la capacité d'éviter la clé, il est généralement trop tard pour s'en sortir si la technique est bien faite. Lorsque l'on s'entraîne à effectuer des clés de bras au dojo, le défenseur est statique laissant le temps à l'agresseur de procéder à l'immobilisation complète du bras. Cette façon d'agir est tout à fait normale, il faut bien apprendre à faire la clé.

Celui qui tente d'appliquer la clé doit le faire avec réalisme, comme s'il l'appliquait dans la rue.

De temps à autre, lorsque la clé est maîtrisée, je demande à mes étudiants de la faire en résistant légèrement au début et en augmentant graduellement la résistance. Celui qui applique la technique apprend à le faire dans l'action et celui qui subit la clef apprend à sentir les faiblesses de la manœuvre. Ainsi, celui qui tente d'appliquer la clé doit le faire avec réalisme, comme s'il l'appliquait dans la rue alors que celui qui la subit développe l'automatisme de s'en sortir. S'entraîner à ne pas se laisser piéger se développe rapidement et plus l'étudiant en fait, plus le temps de réaction diminue. Trop de professeurs enseignent à leurs étudiants de rester calmes afin que leurs partenaires puissent effectuer correctement leurs clés. Ce principe est bon pour des débutants, mais lorsque la clé est acquise, il faut que ça bouge !

Autre phénomène intéressant, la plupart des arts martiaux nous enseignent à nous déplacer uniquement sur un plan horizontal. Lorsqu'on utilise le *juppo sessho*, on s'aperçoit assez rapidement que l'on peut se sortir d'un grand nombre de techniques contraignantes. De façon simpliste, on peut traduire *juppo sessho* par bouger dans les dix directions, ou si vous préférez, dans toutes les directions, incluant l'axe vertical.

La plupart des clés sont créées pour résister à un individu qui tente de tirer ou de pousser l'adversaire. Elles ne prévoient généralement pas de mouvements à la verticale. On peut s'évader de plusieurs clés simplement en se laissant descendre au sol et en transformant l'emprise en un outil de projection pour se débarrasser de l'adversaire. On peut voir ici sur les photos l'utilisation d'un tel principe sur une clé très connue.

Si l'adversaire a bien amorcé sa clé, il est trop tard pour résister physiquement. On doit devancer le mouvement qu'il fera par la suite. Ici, dans ce type de clé, la pression nous amène à descendre vers le sol. On doit dépasser son mouvement en descendant nous-mêmes vers le sol.

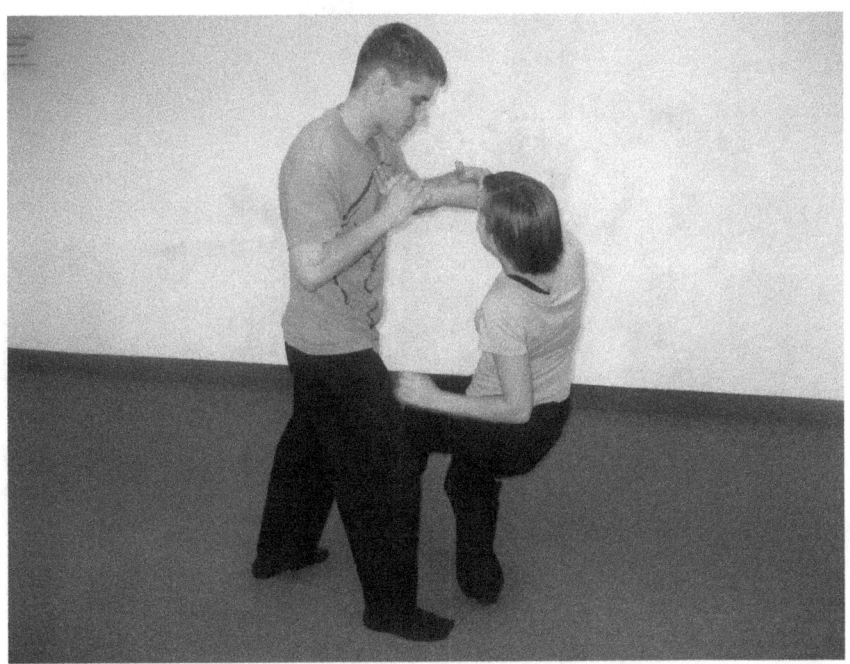

On se laisse descendre au sol en barrant les jambes de l'attaquant de notre jambe gauche. On doit profiter du vide créé pour amener l'agresseur à tomber dans celui-ci.

Agir au bon moment est l'un des secrets pour bien réussir une telle contre-technique. Il faut que notre corps se déplace dans la direction de la poussée. On ne doit pas chercher à dégager notre bras, mais bien à l'envoyer dans la même direction que le veut la clé. Cette manœuvre aura pour effet d'amener l'agresseur à débuter un léger déséquilibre vers l'avant. On tentera alors de récupérer cette énergie pour l'obliger à tomber.

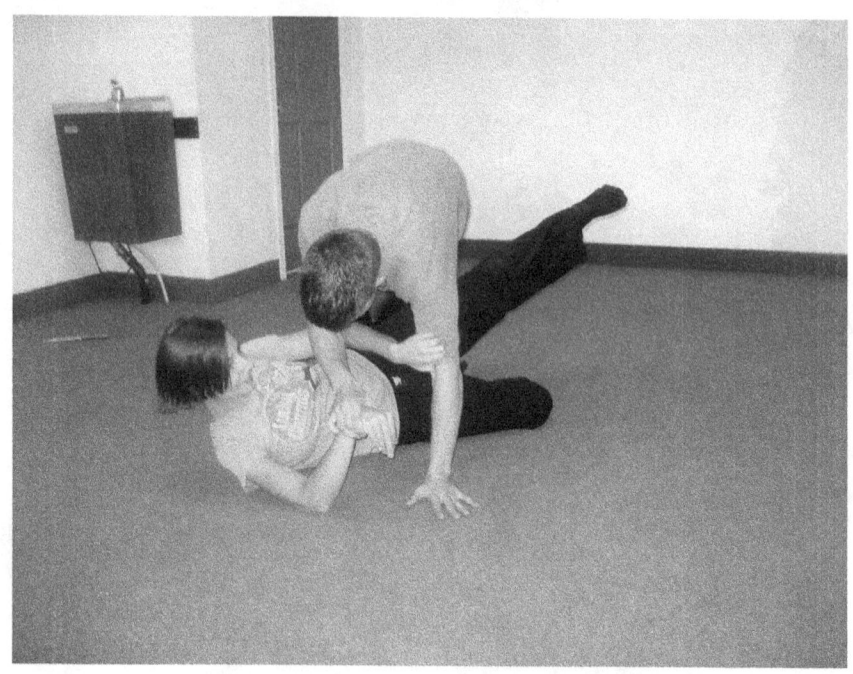

On termine en agrippant l'attaquant et en le tirant vers l'avant pour le déséquilibrer. On doit coller notre jambe aux siennes afin de le faire trébucher. Ici, ce n'est pas une question de force physique, mais bien de précision dans l'exécution du mouvement. Au moment où l'agresseur met une pression vers le bas, on doit capturer cette énergie et l'utiliser pour créer le déséquilibre.

Yang : Pourquoi le yang ?

Dans la partie *yin*, j'ai davantage mis l'emphase sur l'enseignement des principes en tentant de ménager la susceptibilité des pratiquants. Dans le *yang*, la partie un peu plus rude de l'ouvrage, je pense qu'il est temps de nous secouer un peu, de nous mettre face à la réalité de ce qu'est un art martial dédié au Dieu Mars.

Une prise de conscience s'impose lorsque l'on fait des arts martiaux. Si l'on évolue dans un contexte martial à l'Occidental, on s'aperçoit assez rapidement que les étudiants sont généralement encadrés dans un environnement positif, qui est structuré de manière à les encourager et à les motiver. Pourquoi faut-il motiver un étudiant ? S'il est à sa place, il ne devrait pas avoir besoin qu'on le materne pour qu'il souhaite continuer.

> ***Beaucoup de pratiquants tournent le dos à l'école si la technique à apprendre est trop difficile à maîtriser.***

Notre société occidentale moderne nous pousse vers la facilité. Nous sommes loin de la vie de nos ancêtres où chaque journée était un combat pour la survie. Pour la plupart des gens, si l'effort à fournir est trop difficile, ils abandonnent. On peut facilement voir le désintéressement des participants à un cours d'art martial, si l'effort de compréhension est trop grand. Je ne parle pas d'effort physique ici, mais d'effort intellectuel, psychologique. Beaucoup de pratiquants tournent le dos à l'école si la technique à apprendre est trop difficile à maîtriser. Dans notre dojo, les étudiants savent que certaines techniques exigeront des années d'effort pour les exécuter correctement.

Dans les lignes qui suivent, le lecteur ne doit pas lire avec l'intention d'apprendre de nouvelles choses, mais plutôt avec l'idée de prendre conscience de ses faiblesses et de ses lacunes. Il sera confronté aux limites qu'il s'est imposées lui-même ou que l'art martial qu'il pratique a établies en s'adaptant à notre siècle et à notre culture. Nous sommes à une époque où de plus en plus de gens se contentent trop souvent de la médiocrité. La qualité des produits ne cesse de se dégrader. C'est terminé l'époque où un réfrigérateur durait 30 ans, où une ampoule avait la capacité de dépasser les 2000 h qui lui sont maintenant allouées.

Il en va souvent de même pour les arts martiaux. On se contente de ce que les apparences reflètent. On peut casser une planche ou gagner une compétition, parfait, on a atteint les sommets. Les sommets de quoi ? Faire un art martial ou maîtriser un art martial ? Telle est la question. C'est terminé l'époque où un étudiant passait deux mois sur la même technique, le professeur ne l'autorisant pas à voir autre chose tant qu'il n'avait pas maîtrisé ce qu'il devait apprendre. Dans les arts martiaux comme dans bien des facettes de notre culture occidentale, nous nivelons vers le bas. Nous nous débrouillons pour bien paraître sans avoir le besoin de faire trop d'effort.

Si comme pratiquant vous êtes satisfait du niveau que vous avez atteint, alors je vous conseille de ne pas aller plus loin dans la lecture de ce livre. Pourquoi perdre du temps à travailler le petit détail insignifiant qui, à première vue, ne semble pas changer grand-chose ? Mais si vous faites partie de ceux qui ont l'impression qu'il y a quelque chose de plus qui se cache derrière ce qu'ils pratiquent de la même façon depuis des années, alors peut-être que la lecture de ce qui suit pourra vous aiguillonner sur de nouvelles pistes.

> ***Si votre professeur semble ennuyé par vos questions, alors peut-être serait-il temps de vous questionner sur le choix de celui-ci.***

Dans cette section, nous « méditerons » sur les différentes faiblesses qui peuvent apparaître lorsqu'on exécute des techniques. Ce petit quelque chose auquel on n'arrive pas à mettre le doigt dessus. Vous trouverez tout au long des chapitres suivants, différentes pistes de réflexion sur une grande diversité de sujets. Ces textes ne sont ni des vérités ni des reproches. Ils sont simplement des thèmes à explorer.

Mais avant même de partir en exploration, il faut posséder le goût de la découverte. Le but ici n'est pas de convaincre, mais de faire prendre conscience qu'il y a plus de choses à découvrir derrière ce que l'on croyait connaître. Il faut apprendre à se poser des questions et il ne faut pas hésiter à questionner nos professeurs. Plusieurs enseignants n'apprécient guère qu'on les questionne. Pourtant, le but d'un professeur est de transmettre l'information et surtout, d'aider ses étudiants à progresser. Si votre professeur semble ennuyé par vos questions, alors peut-être serait-il temps de vous questionner sur le choix de celui-ci. Si au contraire, il prend le temps nécessaire de vous répondre et de vous expliquer, alors, respectez-le et appréciez-le, vous avez la chance d'avoir un guide qui pourra vous aider dans votre cheminement.

L'occidentalisation des arts martiaux

En occident nous nous sommes habitués à acquérir rapidement ce que nous souhaitons posséder. Notre société est basée sur la vitesse et l'assouvissement des désirs. Pas de temps à perdre, nous sommes l'époque du *fast food*, du voisin gonflable. Notre voiture doit être plus grosse et plus luxueuse que celle des autres. La plupart des arts martiaux se sont adaptés à cette réalité. On peut voir des gens qui deviennent ceintures noires en une ou deux années. Des gens qui collectionnent techniques et différents styles d'arts martiaux. Petite nouvelle, si vous croyez faire des arts martiaux au sens traditionnel du mot, il faudrait peut-être faire une petite introspection.

Ces usines à fabriquer des ceintures noires limitent inconsciemment les possibilités d'apprentissages de ses adeptes. De nos jours, la plupart des pratiquants n'ont pas la capacité de voir ce qui se passe derrière la mécanique d'une technique. Cette incompétence les empêche de pouvoir s'adapter autant à une variation dans l'attaque qu'à ajuster leur propre corps aux changements qui peut survenir par le vieillissement ou par des blessures.

Chez les pratiquants occidentaux, l'efficacité martiale diminue rapidement à la mi-trentaine. Il n'y a pas beaucoup de champions de MMA de quarante ans et plus. Pourtant, selon les contes d'arts martiaux, plus on vieillit, meilleur on devrait être. Cela est vrai, mais à condition que notre esprit soit orienté de la bonne façon. Cette réalité transcende les styles d'arts martiaux. On ne parle plus ici d'un style en particulier, mais de l'homme. Lorsque je m'entraîne avec un maître comme Hatsumi sensei, je me dis toujours que sa capacité devrait diminuer d'année en année. Mais, il n'en est rien. Sa compréhension martiale compense largement les dégâts faits par l'âge. Hatsumi sensei n'enseigne plus un style en particulier, il enseigne du *budo* à l'état pur. Peu importe le style qu'il aurait pratiqué, il serait devenu un maître dans cet art.

Nous voulons tout et tout de suite. La maîtrise des arts martiaux ne s'achète pas, elle s'acquiert. Je me souviens qu'à une époque j'enseignais en *kempo* pour une école, un des étudiants se payait plusieurs cours privés toutes les semaines. Naturellement, à chaque cours, il achetait une ou deux techniques. Son passage de débutant à ceinture noire s'était fait beaucoup plus rapidement que tous les autres. Mais au bout de la ligne, il était loin de posséder la maîtrise de ceux qui ne pouvaient se payer que des cours de groupe. On peut acheter des techniques, mais on ne peut acheter l'expérience.

> ***Si l'on veut garder ses étudiants, il faut les gratifier d'un degré sur une base régulière.***

Dans une réalité moderne, ouvrir un dojo tient de la vocation. Si on ne le fait pas en utilisant un marketing efficace, le propriétaire risque d'avoir la vie dure avec les factures qui rentrent à grande vitesse. Des études de marketing ont démontré que pour la plupart des pratiquants, sans l'obtention d'une ceinture dans un délai de trois mois, il y a un désintéressement. Donc, si l'on veut garder ses étudiants, il faut les gratifier d'un degré sur une base régulière, qu'ils aient la compétence martiale ou non.

Nous n'évoluons pas tous à la même vitesse. Les arts martiaux, comme la musique ou la peinture, imposent des limites différentes à chacun. Ce n'est pas tout le monde qui peut devenir un Mozart ou un Picasso. Il faut être conscient de ses limites et s'assurer qu'on les a bien atteintes. J'ai beaucoup d'étudiants qui sont ceintures noires dans divers styles et qui, lorsqu'ils arrivent à mon dojo, sont surpris de voir ce que peut apporter l'alignement des os sur un simple coup de poing, le geste le plus basique de la plupart des arts martiaux.

Nous sommes à l'époque de la fabrication en série. Les arts martiaux n'échappent pas à cette réalité. Les critères pour juger un art martialiste se sont transformés. Il n'y a plus de conflit pour permettre d'évaluer un combattant. Pour compenser ce vide, les compétitions sportives se sont substituées au champ de bataille. Malheureusement ou heureusement devrais-je dire, il y a des règles lors d'une rencontre sportive. Les techniques dangereuses sont volontairement écartées afin de ne pas blesser gravement les participants. Les automatismes plus violents qui permettaient d'assurer la survie ont été bannis de l'apprentissage de la plupart des arts martiaux. Après tout, nous ne sommes plus dans ces époques barbares où les gens mouraient fréquemment en combat. Alors, est-ce qu'un champion de ces compétitions sportives est un bon combattant d'un point de vue martial ? Certains oui, la plupart non.

Confronté à de bons bagarreurs de rue, il n'est pas rare de voir des gens que l'on peut qualifier de bonnes ceintures noires subir des raclées. Dans la rue il n'y a plus de règles. Est-ce que cela devrait se produire pour un pratiquant d'art martial ? Je pense que non si la personne a été entraînée en suivant les normes traditionnelles que nous ont laissées les vieux maîtres.

> *De nos jours, l'art martialiste se construit autour d'une base intellectuelle où les émotions sont le plus souvent mises de côté.*

À une certaine époque, les arts martiaux développaient l'instinct des pratiquants, soit celui de la survie et du tueur. Aujourd'hui, parler de l'instinct du tueur est inconcevable avec notre culture civilisée. Une telle expression a tout pour déranger notre petit esprit bourgeois. De nos jours, l'art martialiste se construit autour d'une base intellectuelle où les émotions sont le plus souvent mises de côté. Pour beaucoup, c'est beaucoup trop dangereux de faire un combat en se laissant guider par nos émotions au cas où... Qu'on le veuille ou non, les émotions sont présentes dans un combat. La crainte d'être blessé, la rage d'être agressé pour des raisons stupides ou simplement pour plusieurs, le plaisir de se bagarrer sont des émotions qui apparaitront lors d'un combat. Au contraire, il ne faut pas chercher à fuir ses émotions, il faut apprendre à canaliser l'énergie qu'elles nous donnent. La peur guidera nos mouvements défensifs avec une énergie qu'on ne pourrait obtenir autrement. La colère bien canalisée permettra une puissance et une rapidité de frappe optimale. Notre monde moderne nous amène à nier ou du moins à nous détacher de nos émotions. Il est plus facile d'assimiler des techniques intellectuellement qu'émotionnellement.

La plupart des gens évitent de dire ce qu'ils pensent, de peur de faire de la peine.

L'occidentalisation des arts martiaux fait en sorte que beaucoup de professeurs n'osent pas dire ouvertement ce qu'ils pensent de la performance de leurs étudiants. Ils les ménagent, souvent de peur de perdre cet étudiant. De nos jours, la plupart des gens ont perdu cette faculté de recevoir des critiques négatives. La plupart des gens évitent de dire ce qu'ils pensent de peur de faire de la peine. Une critique négative est constructive si elle est pertinente. Peut-être que si la personne ne peut l'accepter c'est qu'elle n'est tout simplement pas prête à faire des arts martiaux. Peut-être qu'un temps de recul est nécessaire. On ménage les enfants, mais est-ce qu'on doit modérer les propos faits à un guerrier ? Il ne faut pas oublier que les premiers arts martiaux avaient pour but de former des guerriers et non des philosophes ou des théoriciens.

Notre monde moderne a changé énormément les modes d'entraînement. Aujourd'hui la peur des blessures est un spectre permanent sur la tête des instructeurs. Les risques de poursuites sont omniprésents. J'ai eu connaissance d'un cas où un étudiant qui effectuait des roulades avant le début d'un cours de conditionnement physique s'est blessé. Le professeur leur enseignait des arts martiaux durant cette session. Les parents de l'étudiant ont poursuivi en justice le professeur pour ne pas l'avoir empêché de faire de telles roulades. Je ne parle pas d'enfants, mais d'un jeune adulte.

Notre première erreur est peut-être d'entreprendre les arts martiaux avec cet esprit de facilité tel que nous la connaissons en occident.

Le touche à tout

Je pense qu'aucun professeur n'a échappé au contact de ce type d'individu. Celui qui a fréquenté un nombre impressionnant de styles d'arts martiaux sans jamais avoir eu le temps d'en approfondir un seul. Une ou deux ceintures dans chaque école et ça y est, ce type de pratiquant croit qu'il a développé des habiletés supérieures à la moyenne en combinant quelques techniques de base empruntées à gauche et à droite. Il croit qu'en diversifiant ses approches techniques, il peut développer une conscience martiale supérieure. Peut-être que dans certains cas ça peut arriver, qu'il peut y avoir des exceptions, des gens plus brillants que la moyenne et qui arrivent à accomplir quelque chose d'acceptable avec un tel cheminement. Mais c'est loin d'être la vérité pour la plupart de ces pratiquants.

Il y a un adage qui dit que l'on commence réellement à pratiquer les arts martiaux lorsqu'on obtient une ceinture noire. Les cinq ou six ans qu'on a travaillé à approfondir et à polir nos connaissances sont de loin préférables au fait d'aller butiner à gauche et à droite. En devenant ceinture noire, une base solide se trouve ainsi formée. À partir de ce moment, on possède un bagage suffisamment étoffé pour pouvoir comparer ses connaissances aux autres arts martiaux. À partir de cette base solide, le fait d'aller voir d'autres styles d'arts martiaux permet de mieux comprendre son propre style. S'il permet d'y voir ses faiblesses, il permet également d'y voir ses forces.

Attention cependant de ne pas confondre le touche à tout avec celui qui recherche l'art martial qui deviendra le sien. Il est tout à fait normal d'essayer plusieurs styles d'arts martiaux lorsque l'on débute notre recherche. Il faut trouver le professeur, le style et les autres pratiquants qui conviendront le mieux avec notre personnalité.

Le touche à tout a une particularité intéressante. Ce sont généralement des gens très sociables, qui ont la parole facile et avec lesquels il est intéressant de discuter. Ces personnes sont généralement sincères et croient que ce qu'elles ont accumulé peut devenir la référence pour n'importe quel art martial.

Personnellement, j'aime bien les écouter et leur démontrer pourquoi ce qu'ils croient la vérité ne l'est pas nécessairement. Naturellement, s'ils sont sur la bonne voie, je vais les encourager dans cette direction. Mais, malheureusement, c'est rarement le cas.

Les arts martiaux sportifs sont plus démonstratifs et plus attrayants que les arts traditionnels.

Il y a peu de vieux maîtres qui n'ont pas fait plusieurs autres styles d'arts martiaux avant de devenir des sommités dans leurs styles respectifs. Il ne faut pas oublier que ces maîtres n'ont pas fait qu'effleurer différents styles. Ils y sont plongés corps et âme. Aller voir d'autres façons de faire n'est pas négatif, au contraire. Mais lorsqu'on y va, il faut bien peser le pour et le contre. Les arts martiaux sportifs sont plus démonstratifs et plus attrayants que les arts traditionnels, qui sont le plus souvent, d'allure plus austère. Il faut prendre conscience de ce que l'on recherche. Beaucoup d'arts martiaux modernes sont amusants à pratiquer. Alors, pour vous, ça sera l'amusement ou la survie ? La facilité ou la persévérance ?

Lorsque l'on touche à tout, on a tendance à apprécier ce que l'on réussit le mieux, là où on a le plus de facilité. Il ne faut pas tomber dans ce piège. Plus la technique sera difficile à assimiler, plus elle exigera de vous réflexion et compréhension. Si l'on apprend avec facilité, peut-être qu'il est temps de chercher une difficulté plus grande, celle qui nous fera évoluer davantage. Malheureusement, l'occidentalisation nivelle par le bas. Il faut que l'étudiant ait l'impression d'être bon.

Bien se positionner

Beaucoup de styles préconisent des postures de cinéma à la Blade. Adopter un langage gestuel digne des meilleures chorégraphies est bien pour impressionner les spectateurs lors d'une démonstration. Mais il faut pouvoir séparer ce qui est réaliste de ce qui est théâtral. Beaucoup d'arts martiaux insistent sur l'apparence du corps sans cependant tenir compte de la réalité du combat. Se déplacer au bon endroit dans le bon angle est de loin plus important que de le faire avec élégance.

Si vous prenez une personne possédant une grande expérience de la danse, vous pourrez sans problème lui enseigner rapidement un nombre incroyable de *katas* et de techniques. Ces personnes ont appris à reproduire le langage gestuel avec une précision étonnante. Mais pour survivre à un combat contre un agresseur aguerri, ça demande plus que de savoir danser. Il faut avoir une compréhension suffisante des techniques afin de pouvoir s'adapter à chaque situation.

Je ne pouvais former un compétiteur
avec mes propres techniques.

On doit constamment se poser des questions sur la pertinence de notre positionnement. J'ai souvent embêté des instructeurs du domaine de la sécurité en posant des questions du type : « vous avez contrôlé le bâton de l'attaquant, mais est-ce que c'est normal qu'il puisse vous frapper aisément au derrière de la tête de son autre poing ? » Depuis des années, ces personnes enseignaient des techniques dangereuses pour leurs étudiants. Ce genre d'erreur arrive beaucoup plus fréquemment qu'on pourrait le penser dans les arts martiaux. Je me souviens d'un instructeur en sécurité qui œuvrait pour une compagnie concurrente. Un jour il m'a demandé de le former comme instructeur en tactique défensive contre couteau. Naturellement j'ai refusé, je ne pouvais former un compétiteur avec mes propres techniques. Puis, par curiosité, je lui ai demandé de me montrer ce qu'il enseignait. J'ai trouvé ses techniques tellement dangereuses à utiliser que j'ai préféré le former plutôt que de laisser ses étudiants s'exposer à de tels dangers. J'ai formé un compétiteur, car je trouvais que ce qu'il enseignait était trop dangereux et irréaliste à utiliser pour une personne qui ne possédait pas un bon bagage martial.

Bien se positionner demande une gestion adéquate des angles, des distances et du *timing*. Je fais souvent faire à mes étudiants des exercices simples pour développer ces qualités. Le plus simple consiste en une attaque au sabre. Votre partenaire effectue une coupe transversale, vous devez vous déplacer de côté de façon à ne laisser qu'un centimètre entre vous et le bout de la lame.

Le positionnement demande de travailler de la bonne façon au bon moment. Le dos penche trop et vous voilà en position de déséquilibre. Votre adversaire ne tombe pas aussi facilement que vos partenaires de dojo ? Peut-être avez-vous négligé de plier suffisamment les genoux pour créer le déséquilibre ?

Beaucoup de gens ne savent pas marcher convenablement.

Je vois trop souvent des arts martialistes se donner un visage de tueur lors de démonstration. Cela impressionne probablement les plus jeunes, mais ça ne veut pas dire que la position est stable. Souvent, une seule poussée ou une légère traction au bon moment et dans la bonne direction suffit pour faire tomber ce guerrier à l'allure si féroce. Un ami qui enseigne pour les Marines américains me disait un jour que la première chose qu'il fait avec ces soldats, c'est de leur apprendre à marcher. Marcher devrait être quelque chose de naturel. Pourtant, beaucoup de gens ne savent pas marcher convenablement. Ils marchent sur les talons, se blessant aux genoux et au dos à long terme. D'autres marchent en se balançant d'un bord à l'autre, laissant ainsi plein d'ouvertures à des techniques de déséquilibre.

La plupart des gens trouvent fastidieux de faire des répétitions permettant d'apprendre à notre corps à se positionner convenablement. Encore une fois ici, c'est le triomphe de l'intellect qui dit : « c'est beau, je sais comment il faut se positionner. » L'intellect le sait, mais le problème est que le corps ne le sait pas encore suffisamment pour l'intégrer à toutes les situations. Si l'intellect croit qu'il comprend comment faire, alors pourquoi continuer de développer de tels automatismes ?

En résumé, pour un bon positionnement, on doit tenir compte de l'ouverture des jambes, de l'alignement des genoux avec les pieds, de la gestion du centre de l'équilibre, du positionnement des bras ainsi que de la distance, du *timing* et des angles adéquats. Peu importe le style d'art martial que l'on pratique, le positionnement est essentiel à l'efficacité du combattant.

Si l'on regarde un style comme celui de l'homme ivre tel que popularisé par Jackie Chan, on pourrait penser qu'il n'y a aucun positionnement. Pourtant, c'est tout le contraire. Chaque contorsion est une récupération d'énergie du mouvement précédent et engendre le mouvement suivant. Rien n'est laissé au hasard, malgré ce que l'on pourrait penser en regardant les techniques exécutées par les pratiquants de ce style.

Pour chaque réponse, à chaque mouvement, correspond un positionnement bien précis pour obtenir une efficacité maximale. Il faut apprendre à évaluer où se trouve cet endroit clé.

Ne jamais rien tenir pour acquis

Il y a quelques années je regardais une vidéo sur les *kyushos*, ces fameux points de pression. L'instructeur connaissait la localisation de plusieurs points, mais comme c'est souvent le cas pour les *kyushos*, il y avait un petit problème. L'enseignant ignorait comment atteindre efficacement plusieurs de ces cibles. Visiblement, il avait appris à les localiser sur une chartre ou dans des livres. Malheureusement, chaque point possède son petit secret. Un angle spécial, ou une façon spécifique d'atteindre l'emplacement visé. Localiser les points de pression est mieux que rien, les étudiants auront au moins le mérite d'avoir une initiation de base à ces connaissances. Ça ce n'est pas dangereux dans l'apprentissage et au pire ça ne fera de mal à personne. Mais garantir des résultats à 100 % est quelque chose que je qualifie de totalement inconscient. 7 % des gens sont totalement insensibles à un ou plusieurs de ces points. Alors, garantir qu'un de ces points va causer un évanouissement est de l'insouciance à l'état pur. Que se passera-t-il si dans la rue, un étudiant qui est agressé mise sur cette efficacité pour s'en sortir ?

> *Dans la rue, lorsqu'on réussit une technique que l'on apprise en dojo, ce n'est pas qu'on a du talent, c'est simplement qu'on est chanceux.*

Il faut se réveiller. Rien n'est efficace à 100 %. Même avec une arme à feu vous n'êtes pas certain de vous débarrasser d'un adversaire muni d'un couteau au moment où il vous fonce dessus. Dans la rue, lorsqu'on réussit une technique que l'on apprise en dojo, ce n'est pas qu'on a du talent, c'est simplement qu'on est chanceux. Être bon dans les arts martiaux ce n'est pas de réussir une technique, c'est de pouvoir enchaîner quelque chose efficacement lorsque notre technique ne fonctionne pas.

Beaucoup de gens tiennent pour acquis que leur style d'art martial est le meilleur qui soit. Peut-être est-ce vrai, mais il ne faut pas cracher sur les autres arts martiaux. On peut apprendre de tous les styles si l'on prend le temps de bien observer et de voir ce qui se cache plus en profondeur.

Il est dangereux de penser que l'on est supérieur aux autres. Je rencontre trop souvent des arts martialistes à l'égo démesuré. Des gens performants en compétition et qui se croient les meilleurs combattants. Les personnes les plus dangereuses que j'ai rencontrées étaient des gens d'allures très ordinaires, qui ne laissaient rien paraître de leur dangerosité. L'un deux, qui avait fait la guerre du Vietnam et qui a passé une partie de sa vie à former des gens du SWAT à travers le monde ressemble beaucoup plus à un vendeur de brosses qu'à un homme capable de contrer un groupe de terroriste.

Il ne faut pas tenir pour acquis que le fait que l'art martial soit enseigné à divers corps militaires, vous apportera invulnérabilité et efficacité lors d'un vrai combat. Rappelez-vous que le but de ces formations est de donner les outils de base nécessaires à un groupe, dans le plus court laps de temps possible.

Si l'on vous octroie un grade, vous avez le devoir de le valoir.

Personnellement, j'aime bien la philosophie japonaise qui dit que si l'on vous octroie un grade, vous avez le devoir de le valoir. La plupart des gens qui reçoivent une ceinture noire tiennent pour acquis qu'ils sont ceintures noires et que ça s'arrête là. Généralement, les efforts sont moindres et on considère que l'on n'a plus rien à prouver. Pourtant c'est totalement faux. Nous avons une dette envers celui qui nous a conduits à ce niveau. Nous devons nous montrer dignes de ce rang et faire en sorte de prouver continuellement que nous valons ce grade. J'ai vu tellement de pratiquants paresser après l'obtention de cette ceinture que parfois ça en est désolant. La ceinture noire ne devrait pas être un but, mais une étape. Après l'obtention d'une ceinture noire ou d'un 5ᵉ dan, ce n'est pas le moment de s'asseoir sur ses lauriers. Au contraire, c'est l'étincelle qui devrait faire en sorte que l'on désire progresser davantage.

Beaucoup de gens qui atteignent un certain grade tiennent pour acquis qu'ils ont maintenant rattrapé leurs professeurs en matière de compétence. Ça peut parfois être vrai si ce dernier s'est assis sur ses lauriers et qu'il a cessé d'apprendre. Mais dans la réalité, c'est rarement le cas. Le professeur qui continue de progresser gardera toujours cette démarcation entre lui et ses étudiants. Souvent, cet étudiant a l'impression que son professeur ne lui apporte plus rien simplement parce que cet étudiant n'a pas le niveau de compétence nécessaire pour voir les subtilités que lui offre maintenant son instructeur. L'égo a la fâcheuse tendance à nous aveugler. Si vous êtes de ceux qui croient que votre professeur ne vous apporte plus rien, cherchez à voir dans les détails, et vous réaliserez peut-être que c'est vous qui êtes loin d'être à la hauteur. Dans beaucoup trop de cas, l'incompétence ne vient pas du professeur, mais de l'étudiant.

Les partenaires obligeants

Trouver un bon partenaire d'entraînement relève parfois du parcours du combattant. Lorsqu'on s'entraîne, on doit pouvoir offrir différents niveaux de résistance. Lorsqu'on apprend une nouvelle technique, il est bon que le partenaire n'offre pas trop de résistance. On doit comprendre correctement la mécanique de la technique si l'on veut l'appliquer efficacement. Si le partenaire ne doit pas donner de trop de résistance à ce stade, le contraire est également vrai. Si la technique demande une projection, il ne faut pas que le partenaire se projette lui-même. Il m'est arrivé de me retrouver sur certains tatamis où je me trouvais tout d'un coup drôlement efficace dans les projections. Sans effort je me débarrassais de mon agresseur sur le confortable tatami. Il faut dire que mon partenaire du moment s'élançait avant même que je n'aie le temps d'amorcer la projection. Beaucoup trop de pratiquants se complaisent dans cette facilité en oubliant que dans la rue, l'agresseur ne se projettera pas lui-même. Une histoire un peu semblable est arrivée à l'un de mes étudiants qui s'est entraîné dans un autre dojo. Comme il attendait que son partenaire le projette, il s'est fait accuser de résister à la projection. Excellent judoka, il n'a pas peur de chuter et est habitué que ce soit son adversaire qui le projette et non lui-même.

> *C'est plus facile d'exécuter une technique dans la rue que dans le dojo.*

À l'occasion, on peut voir des étudiants qui font tout ce qu'ils peuvent pour que le partenaire du moment ne puisse effectuer la technique. Ils ont souvent un peu plus d'expérience et font en sorte de prouver leur supériorité. Je dis souvent à mes étudiants que c'est plus facile d'exécuter une technique dans la rue que dans le dojo. Dans la rue l'agresseur n'a aucune idée de ce qui va arriver, la surprise joue en notre faveur. Dans la salle d'entraînement, le partenaire sait d'avance ce qui va se passer. Dans ces circonstances, il est facile de contrer n'importe quelle technique.

Le partenaire obligeant aime aider les autres. Il ne laisse généralement pas le temps à son partenaire de chercher comment réussir la technique. Souvent, ces gens aiment davantage enseigner aux moins gradés que de s'entraîner de la bonne façon. Cette volonté d'enseigner débouche dans bien des cas, sur une variation de la technique que le professeur a enseignée. Ce n'est généralement pas mauvais, mais ce n'est pas le bon élément qui est à l'étude.

Il n'est pas rare de voir des étudiants plus avancés corriger les autres lors d'une classe plutôt que de s'entraîner. Lorsque c'est le cas, je fais souvent exprès pour rajouter des détails que ces étudiants ne connaissent pas à la technique. Ils enseignent la technique sur les bases qu'ils connaissent déjà plutôt que sur les petits changements que j'ai apportés. Je prends alors un malin plaisir à aller corriger ce qu'ils viennent d'enseigner. Une petite leçon d'humilité devant les autres étudiants. La plupart font attention par la suite, mais il y en a toujours qui ne réalisent pas qu'en agissant de la sorte, ils n'apprennent pas et perdent une occasion de s'améliorer.

Les angles

Une façon simple d'évaluer la capacité d'un pratiquant d'art martial consiste simplement à vérifier l'exactitude de ses angles. Les angles sont présents partout, dans toutes les techniques. Chaque mouvement que l'on exécute génère différents angles que ce soit pour notre équilibre ou par rapport à l'adversaire. Beaucoup de gens s'amusent à créer des techniques sans tenir compte des angles. Le manque de compétence dans la gestion des angles d'un professeur paraîtra à coup sûr sur l'efficacité de ses étudiants.

Ishiki, la prise de conscience, est la première étape. On peut répondre à un coup de poing d'une multitude de manières. Mais peu importe la réplique, il y aura des angles par rapport au poing de l'adversaire et par rapport à notre positionnement. Imaginons un coup de poing droit. Vous vous déplacez à l'extérieur pour éviter l'attaque. Si vous allez trop loin derrière lui, vous permettez à votre adversaire de tourner en sens antihoraire pour vous attaquer (*turn around back fist*). Si vous n'allez pas assez loin, vous lui laissez la possibilité de vous attaquer d'une frappe du poing gauche. Quel est l'endroit où serez le moins vulnérable à n'importe quelle attaque ? C'est là que vous devez vous trouver.

Vous avez trouvé cet endroit. Vous devez maintenant positionner votre corps de manière à pouvoir bouger le plus efficacement possible. S'il y a trop de poids sur une jambe vous devrez faire un transfert pour vous déplacer. Même problème si vos jambes sont trop écartées, vous devrez transférer votre poids sur une des jambes pour ramener l'autre.

Mais les angles c'est beaucoup plus que ça. Sur la même attaque du poing droit, vous vous tassez à l'extérieur du bras et déposez votre main droite sur le bras de l'attaquant. Selon l'inclinaison de votre avant-bras, les possibilités d'attaque de votre adversaire seront modifiées. Si vous maîtrisez bien ces angles, vous pouvez décider pour l'assaillant du type d'attaque qu'il pourra faire.

En utilisant les faiblesses des mauvais angles, vous pouvez constamment maintenir votre adversaire en déséquilibre.

Vous êtes en position de saisie de style judo. En tenant compte de l'angle des pieds de votre adversaire, vous pourrez déplacer son corps sans avoir à forcer. Mais attention, dès qu'il y a mouvement, il y a changement dans les angles. Être bon, c'est pouvoir s'adapter immédiatement à tous ces changements d'angles. En utilisant les faiblesses des mauvais angles, vous pouvez constamment maintenir votre adversaire en déséquilibre. En maîtrisant bien cela, vous pourrez prévoir de quelle façon il bougera. Savoir ce que fera l'adversaire augmente les chances de réussite non ?

Vous reculez afin de bloquer le bras qui attaque. Une partie de la puissance de votre bloc sera déterminée par l'angle de votre impact. Les angles régissent votre structure, il n'y a pas de combat sans structure, il n'y a pas d'art martial sans structure. Alors, en y pensant bien, est-ce que votre faculté à évaluer les bons angles est excellente, très bonne, bonne ou simplement médiocre ? Seule l'expérience acquise au cours des années permet de développer cela à un niveau acceptable.

Posez-vous de sérieuses questions si vous ne vous êtes jamais arrêté à essayer de comprendre l'importance de se déplacer dans le bon angle. Si c'est votre cas, probablement que vous vous êtes contenté de reproduire les mouvements que l'on vous enseignait. Prenez conscience que chaque millimètre où vous déplacez vos pieds peut faire toute une différence. Prenez conscience de la façon dont vous positionnez vos genoux par rapport à vos pieds et peut-être commencerez-vous à comprendre la différence entre pratiquer un art martial et pratiquer le *budo*.

La distance

Dans beaucoup de styles d'arts martiaux, le principe de maîtrise de la distance se limite généralement à être capable de donner un coup de poing à l'adversaire en le touchant, mais sans lui faire de blessure. C'est très bien, ça démontre un excellent contrôle, mais pas une gestion adéquate de la distance. Lorsque l'on parle de distance, il y a plusieurs éléments à évaluer. Celle d'attente, une position qui nous permettra de réagir adéquatement en cas d'attaque-surprise. Celle où l'on doit pouvoir atteindre notre agresseur avec nos mains ou nos pieds. Il y a ensuite celle où notre adversaire ne peut nous atteindre, mais où nous pouvons facilement le frapper.

Timing, angle et distance sont presque inséparables. Ils travaillent d'un commun effort pour optimiser les résultats. Il y a plusieurs distances dont tenir compte lorsqu'on pratique les arts martiaux. Par exemple, sur le blocage d'une attaque au poing, on peut bloquer à une distance longue en frappant l'adversaire au niveau des tunnels carpiens. On peut diminuer la distance pour frapper à l'intérieur de l'avant-bras, sous le coude, puis on peut se rapprocher pour aller bloquer directement à l'épaule et même au visage. La décision de la distance ne devrait pas être prise au hasard. Les circonstances décident quelle sera la distance de bloc la plus appropriée. Si vous effectuez un bloc et que vous ne savez pas pourquoi vous devez bloquer comme vous l'avez fait, il serait peut-être temps de faire une prise de conscience.

La distance adéquate nous permet d'éviter une seconde attaque ou au contraire de la provoquer si c'est ce que l'on désire. Imaginez que votre partenaire vous attaque au sabre avec une coupe transversale. Vous reculez jusqu'à vous trouver à plus de 60 cm de l'extrémité de l'arme. Vous trouvez que ça a été facile d'éviter la lame et vous vous considérez victorieux. Vous venez de signer votre arrêt de mort dans une attaque réelle. S'il ne vous a pas eu avec la première coupe, il est à une distance idéale pour enchaîner d'une nouvelle attaque qui, celle-là, sera presque impossible à éviter. La distance idéale à laisser sur une attaque au sabre est celle de l'épaisseur d'une feuille de papier. Une fois la lame passée, vous devez foncer sur l'adversaire pour maîtriser ses mains. Si vous êtes trop loin, une telle manœuvre est impossible à effectuer et il sera facile pour lui de revenir à la charge. Combinez la distance idéale avec le bon angle et vous contrôlerez entièrement les mouvements de votre attaquant. Les gens que je forme en sécurité apprennent à bien gérer ces distances. Lorsqu'ils s'adressent à un inconnu qui est agressif, ils doivent pouvoir prendre une distance sécuritaire suffisamment éloignée pour éviter la première attaque, mais ils doivent être suffisamment proches pour pouvoir prendre le contrôle dans l'immédiat. Ils doivent également être en mesure d'évaluer la distance entre l'individu menaçant et tout ce qui pourrait servir d'arme autour de lui. Un lourd cendrier se trouve sur la table voisine, l'agent doit tenir compte de la distance qu'aura à parcourir le belligérant pour mettre la main sur cette arme improvisée.

Une fois qu'il aura une bonne entaille à l'avant-bras, il deviendra difficile pour lui d'utiliser son sabre efficacement.

La distance découle généralement de la logique. Si l'on regarde les combats de samouraïs au cinéma, on s'aperçoit que les coupes de sabre se font généralement au corps. Pour arriver à ce résultat, on doit approcher suffisamment l'adversaire, ce qui lui donne la possibilité de nous atteindre aisément. Dans la réalité d'un combat au sabre, on doit se positionner à une distance où notre adversaire aura de la difficulté à nous atteindre. À cette distance, nous nous contenterons de viser ses poignets, ses mains et ses bras. Une fois qu'il aura une bonne entaille à l'avant-bras, il deviendra difficile pour lui d'utiliser son sabre efficacement. Ensuite, nous pourrons attaquer son corps.

On peut également penser en termes d'efficacité de nos bras. La plupart des arts martiaux préconisent l'utilisation du coup de poing plutôt que des doigts. À égale longueur de bras, si on laisse quelques centimètres de plus nous permettant d'être hors de portée d'un coup de poing, nos doigts déployés pourront probablement se rendre facilement aux yeux de l'adversaire. Ce n'est pas très sportif, mais en survie ça fait très bien le travail. La plupart des arts martiaux ne mettent pas suffisamment d'emphase sur la distance. Encore une lacune de plus à combler.

Le culte du maître

« Mon professeur est meilleur que le tien ». Il n'y a pas de concours à savoir qui est le meilleur professeur. La question à se poser devrait plutôt être : « qui pourra me permettre d'évoluer le plus et répondre le mieux à mes besoins ? »

Beaucoup d'étudiants confondent maître et professeur. Un professeur d'art martial n'est pas nécessairement un maître, il en est généralement loin. On peut référer aux trois triangles cités auparavant pour avoir une idée de la compétence du professeur. Beaucoup d'enseignants qui aiment se placer sur un piédestal apprécient le sentiment de puissance que leur offrent leurs étudiants. Dans bien des cas, cette flatterie de l'égo amène le professeur à regarder ses élèves d'un œil condescendant. Les quelques personnes que j'ai côtoyées et qui méritaient vraiment le titre de maître n'ont jamais dénoté cet état d'esprit qui dans certains cas, frôle l'arrogance. Le vrai maître est là pour aider l'étudiant dans sa progression et non pour retirer une satisfaction personnelle de sa supériorité.

Lorsque l'on rencontre ce type de professeur, dans bien des cas, sa seule valorisation personnelle passe par les arts martiaux. Il n'a rien accompli de valorisant par son travail ou dans sa vie en général. Tout repose sur sa performance martiale et la plupart du temps, il fera tout pour préserver cette image de supériorité. Il ne répondra pas aux questions de peur de ne pouvoir donner d'explication adéquate. Il minimisera ses démonstrations, surtout si elles sont improvisées. S'il se trompe en enseignant une technique, ses étudiants devront vivre avec cette erreur. Il évincera du dojo les étudiants au caractère fort, qui posent trop de questions. Ça le met mal à l'aise.

Si l'on pose des questions à un maître, il se fera toujours un plaisir de répondre et il s'assurera, dans la mesure du possible, que sa réponse est bien assimilée. Il n'y a pas de question qui le met mal à l'aise. Cependant, il peut arriver que ses réponses paraissent un peu mystérieuses, car le maître qui désire l'évolution et l'avancement de son étudiant lui donnera par ce moyen des pistes de réflexion qui finiront immanquablement par une compréhension accrue de son art.

Mais, même si la personne qui nous enseigne n'est pas un maître, il n'en demeure pas moins qu'il peut être un excellent professeur.

Beaucoup de professeurs n'admettent pas leurs erreurs. Le vrai maître d'art martial a accepté depuis longtemps le fait qu'il soit humain et qu'il n'est pas parfait. Il n'hésitera pas à reprendre une technique et à apporter les correctifs nécessaires s'il a fait une erreur. Si un étudiant n'accepte pas le fait que son professeur puisse faire des erreurs, il y a un problème. Il faut apprécier son professeur, mais il ne faut pas le mettre sur un piédestal trop élevé, d'où il lui sera facile de tomber.

Mais, même si la personne qui nous enseigne n'est pas un maître, il n'en demeure pas moins qu'il peut être un excellent professeur. Ce dernier est là pour nous enseigner les bases nécessaires. Il fait partie de la chaîne de transmission des connaissances. Il ne faut pas voir notre professeur comme un super héros, mais comme un être humain normal qui fait tout son possible pour transmettre ces connaissances ancestrales. C'est souvent dans la simplicité que l'on reconnaît le bon professeur. Enseigner les arts martiaux est une passion pour le bon enseignant. Il prend plaisir à partager ses connaissances. Sa principale récompense est de voir l'évolution de ses étudiants.

Redevenir un étudiant

Lorsque je vais au Japon, ou lorsque je participe à des rencontres, tel un *taikai*, c'est avec plaisir que je redeviens un étudiant. Ce principe de redevenir étudiant vous semble probablement normal et naturel. Pourtant, ce n'est pas le cas chez beaucoup de gens qui détiennent un grade élevé dans les arts martiaux.

Être un étudiant, c'est accepter le fait qu'on ne connaisse pas tout, que l'on a encore bien des choses à apprendre. Cela demande un peu d'humilité et une soif d'apprendre qui ne s'arrêtera jamais. Lorsque je suis au Japon, l'objectif est d'assouvir ma recherche d'améliorations et de connaissances. Je ne suis pas là pour enseigner. Les étudiants qui m'accompagnent le réalisent assez rapidement. Ils n'obtiennent aucune correction de ma part puisque je me mets au même niveau qu'eux. Il n'est pas rare de voir des ceintures noires occidentales corriger leurs étudiants plutôt que de se concentrer sur leur propre apprentissage. Le plus ironique, c'est que généralement les corrections qu'ils donnent ne sont pas pertinentes. Les nouvelles informations que viennent de transmettre les professeurs japonais sont différentes de ce que l'on connaît. Les corrections que donnent ces professeurs à leurs étudiants sont basées sur de vieilles connaissances qui bien que n'étant pas mauvaises, ne reflètent pas toujours l'information nouvelle que veulent transmettre ces vieux routiers japonais.

> ***Les professeurs du même rang auront souvent tendance à se retirer sur le côté de la salle plutôt que de s'entraîner sur le tatami.***

Dans les dojos il n'est pas rare de voir les ceintures noires se tenir sur le côté du dojo plutôt que de profiter de ces précieuses minutes pour s'entraîner. Même si l'on connaît une technique sur le bout des doigts, il arrive souvent qu'à la millième fois, un angle de vision totalement nouveau s'offre à nous. Lorsque l'on s'entraîne sous la supervision d'un professeur comme Hatsumi sensei, même si la technique nous semble familière, vous pouvez être certain qu'un nouvel élément a été ajouté. Parfois il est si discret qu'il faut s'y prendre à plusieurs reprises pour saisir cette nouveauté qui nous permet de progresser davantage.

    Le même phénomène se produit lors de *taikai* occidentaux ou plusieurs professeurs enseigne à tour de rôle. Les professeurs du même rang auront souvent tendance à se retirer sur le côté de la salle plutôt que de s'entraîner sur le tatami. Ils oublient l'importance de conserver leur âme d'étudiants. Lorsqu'on atteint un certain niveau, on considère naturel le privilège de devenir un simple spectateur plutôt qu'un participant. Que ce soit par égo ou par paresse, cette passivité n'est certes pas le meilleur moyen de continuer à progresser.

    Dans bien des cas, ces mêmes professeurs auront tendance à se réunir et à discuter, dérangeant parfois les étudiants qui essaient de se concentrer sur l'enseignement en cours. Mais peu importe la raison, l'exemple donné alors est mauvais. Il va à l'encontre de *gambatte*, une expression japonaise qui nous amène à persévérer.

La logique derrière la technique

Beaucoup trop de personnes n'ayant pas les compétences nécessaires se permettent de créer de nouveaux arts martiaux ou de nouvelles techniques. Il arrive parfois que le résultat soit intéressant, mais la plupart du temps, c'est très ordinaire. Lorsqu'on crée une technique martiale, on se doit d'être critique. Chaque technique a ses points forts et ses points faibles. Si dans la balance, le négatif est plus fort que le positif, on ne devrait pas hésiter à mettre cette création aux rebuts.

Un combat n'est qu'un jeu d'échecs où on laisse des portes ouvertes à l'adversaire. Certaines de ses portes l'amèneront dans une impasse alors qu'une porte mal gérée lui offrira une opportunité de nous attaquer. J'ai trop souvent vu des gens qui descendaient au sol pour éviter un coup de poing et qui sans s'en rendre compte s'exposaient à un coup de genou à la tête. Si l'on doit descendre au sol, il faut le faire dans un angle où il sera difficile pour l'adversaire de nous attaquer ou dans le pire des cas, où nous pourrons aisément bloquer une attaque avec l'un de nos bras. Combien de fois peut-on voir des gens se déplacer en tournant le dos à un adversaire et en lui offrant ses cervicales ou en exposant le bas de son dos. Il faut développer la conscience de l'adversaire.

Demandez à une ceinture noire de faire quelques techniques contre des coups de poing et diverses saisies et il vous révélera son niveau martial en quelques minutes. Il n'est pas rare de voir des gens amener l'agresseur au sol et le contrôler par diverses clés contraignantes. Cependant, il se passe un très long moment entre le moment où l'on descend au sol et celui où l'on contrôle l'opposant. Un simple doigt dans l'œil, une simple morsure à un bras ou à un mollet fera toute la différence entre la victoire et la défaite. Nous devons réaliser que dans la rue, il n'y a pas de règles et que tous les coups sont permis.

La mode actuelle dans les arts martiaux est le combat au sol. D'un point de vue sportif, ce type de confrontation est très agréable. Mais dans la réalité, il en va tout autrement. Demandez à n'importe quel professionnel de la sécurité et il vous dira que la pire chose qui puisse arriver est de se retrouver au sol avec un adversaire. Il y a de fortes chances que vous receviez des coups de pieds ou pire des coups de couteau, si des amis de votre adversaire se trouvent sur les lieux. Pour les gens œuvrant dans les bars et discothèques, ils ne veulent pas aller au plancher, car il y a souvent du verre brisé qui y traîne. Votre art martial doit vous apprendre à demeurer debout, à éviter d'être amené au sol. Il existe des techniques et des principes basiques à respecter pour éviter d'être pris dans ce piège.

Beaucoup de techniques enseignées ont été créées en fonction de la stature de leur créateur. Il faut se poser la question à savoir si une frêle jeune fille pourra exécuter la manœuvre avec autant de facilité qu'un homme costaud. Ce n'est pas du sexisme, c'est tenir compte de la réalité du combattant. Certaines techniques demandent une souplesse articulaire qu'une personne costaude ne possèdera pas.

Apprendre à voir si une technique est logique ou non devrait faire partie de l'apprentissage de l'étudiant.

Lors de l'entraînement en dojo, il faut également être réaliste. On ne brisera pas un genou pour démontrer que la technique est efficace. Pas besoin d'être un génie pour comprendre qu'en enfonçant les pouces dans ses yeux, l'adversaire lâchera son étreinte. L'entraînement sur un tatami a ses limites, mais le gros bon sens peut nous aider à comprendre qu'il est facile d'aller plus loin. J'ai déjà rencontré des gens qui disaient que certaines techniques qu'ils avaient apprises dans leur art martial ne fonctionnaient pas en situation réelle. Par un simple déplacement, une simple technique de distraction, ces techniques qu'ils croyaient inefficaces se révélaient d'une efficacité redoutable. Apprendre à voir si une technique est logique ou pas devrait faire partie de l'apprentissage de l'étudiant dès ses premiers mois d'entraînement. Depuis plus de trente ans que je possède des dojos et au fil des années, j'ai vu passé pas mal de ceintures noires de différents styles qui atterrissaient chez nous parce qu'ils se sentaient plafonnés ou qu'ils réalisaient que plusieurs choses n'étaient pas logiques dans leur art martial.

Être logique sous-entend également évaluer le contexte où l'on utilisera la technique. Sur un kata musical, les exigences seront différentes d'une technique utilisable dans un bar ou dans la rue. Une ceinture noire, qui avait créé son propre kata pour une compétition, simulait d'arracher l'œil de l'adversaire. Jusque-là ça peut aller. Mais il continue son enchaînement en jetant l'œil au sol et en sautant à pieds joints sur le pauvre organe qui ne risquait probablement pas de l'attaquer. C'est ce genre de petit détail qui fait la différence entre un pratiquant d'art martial aguerri et un qui visiblement, ne réalise pas trop ce qu'il fait.

Le condescendant

Certains arts martialistes ont cette merveilleuse faculté de regarder leurs étudiants ou les autres pratiquants avec condescendance. La tête légèrement relevée, les yeux orientés vers le bas, ce type d'individu sait qu'il détient la vérité ultime, du moins il le croit. Généralement, ce type de personne possède des œillères. Ils ne voient que ce qu'ils veulent bien voir. Très imbus d'eux-mêmes, ces pratiquants ont depuis longtemps oublié que toute leur vie ils seront des étudiants.

Généralement, ces personnes sont de bons techniciens lorsque vient le temps d'enseigner ce qu'ils connaissent. Cependant, ce type de pratiquant à tendance à se limiter à ce qu'il connaît. Il a perdu ou n'a jamais eu le goût de l'exploration et de la découverte, attitude qui mène souvent à l'erreur. Pour eux, les arts martiaux sont une science exacte basée sur les lois de la physique. Ils ont tendance à oublier qu'un adversaire est composé de trois aspects. Le corps physique, qui l'orientera naturellement à des types d'attaques en fonction de sa capacité. Un état émotionnel, qui le rendra prévisible ou au contraire totalement imprévisible selon son état du moment. Un intellect, capable de lui permettre d'élaborer des stratégies ou d'utiliser n'importe quel objet qui se trouvera à portée de sa main.

Lorsqu'on enseigne, il faut se donner à 100 %.

Ces gens ne partagent pas leurs connaissances, ils distribuent généreusement de l'information à quelques privilégiés. Vous l'avez peut-être deviné, j'ai horreur de ce type d'art martialiste. Ils ont tendance à vouloir garder une certaine distance avec leurs étudiants, histoire de maintenir un statut social. Lorsqu'on enseigne, il faut se donner à 100 %. Un professeur doit créer un lien puissant avec son étudiant. Il doit non seulement transmettre des connaissances, mais également des émotions, des impressions. Un lien emphatique doit se créer. Beaucoup trop de professeurs ne sont que de pourvoyeurs qui échangent quelques techniques contre de l'argent.

Dans l'enseignement martial, il y a deux types de relations entre le professeur et l'étudiant. Dans un premier temps, il y a celle précédemment mentionnée, où l'enseignant se contente de vendre ses connaissances en limitant généralement le contenu enseigner afin d'étirer le plus longtemps possible la marchandise à vendre. Le second volet est une relation professeur à disciple. Dans ce type de relation, le professeur ne se sent pas obligé de céder ses connaissances à son étudiant. Il la donne uniquement afin que l'étudiant puisse progresser. Son but premier n'est pas de conserver un client, mais de s'assurer que l'étudiant puisse évoluer de la meilleure façon possible. Ce ne sont pas tous les étudiants qui sont prêts à devenir disciples. Plusieurs sont là pour acheter des techniques. Mais pour les autres, ceux qui sont appelés par le *budo*, ce type de relation est le seul qui puisse les amener à vivre leur art martial et non qu'à simplement pratiquer les arts martiaux.

Beaucoup trop de professeurs imposent le respect à leurs étudiants alors que ce respect devrait s'imposer naturellement. Chaque fois que je regarde un maître comme Hatsumi sensei, je ne peux que constater comment cet homme impose le plus grand respect sans rien demander. Il est humble et il donne sans compromis. Jamais il ne nous fait sentir sa supériorité, qui est pourtant évidente. Martialement parlant, il est tellement loin au-dessus de la plupart des pratiquants, mais il n'éprouve pas le besoin de nous le démontrer constamment.

Se connecter au prochain mouvement de l'adversaire

Lorsqu'il y a une confrontation, on peut voir cela de deux points de vue. On peut se battre contre un adversaire et l'on peut se battre avec un adversaire. Dans la première situation, on tentera d'éviter les attaques au fur et à mesure qu'elles arrivent. Si l'occasion se présente, on pourra profiter d'un moment d'inattention de l'opposant pour le frapper. Souvent, ce type de combat ressemble à un combat de coqs, où le plus rapide et le plus agressif domine la situation. L'action se déroule rapidement jusqu'au moment où un premier coup suffisamment puissant pour déstabiliser le combattant est donné, la bataille est un échange de coup qui alterne d'un individu à l'autre.

Dans la seconde situation, on ne se défend plus, on positionne nos pièces à la façon d'un échiquier. Aucun mouvement n'est donné au hasard. Chaque mouvement défensif ou offensif a pour but de positionner l'adversaire dans un but stratégique. Si une personne donne un coup de poing, nécessairement, elle crée des ouvertures. Il faut apprendre à amener l'adversaire à frapper là où l'on désire qu'il frappe, sans qu'il s'aperçoive qu'il est manipulé. Lorsque l'on sait d'avance quel sera son prochain mouvement, il est aisé de se positionner de façon à préparer la suite. On procède ainsi jusqu'à l'obtention de la victoire.

> *Il faut apprendre à gérer ses émotions afin de ne pas se laisser entraîner par le rythme et l'état émotionnel de l'autre.*

Ce qui est facile à de coucher sur papier n'est cependant pas facile à appliquer dans la réalité. Cela demande tout d'abord une prise de conscience de cette procédure. Ensuite, il faut apprendre à gérer ses émotions afin de ne pas se laisser entraîner par le rythme et l'état émotionnel de l'autre. C'est seulement en restant calme que l'on peut apprendre à bien se positionner. Si l'on a peur d'être frappé, on se déplacera probablement par saccade. Il y a de fortes chances que l'on bouge le haut du corps plutôt que de se déplacer en utilisant nos jambes. Ce stress amène le combattant à trop mettre de poids sur ses lombaires, l'empêchant ainsi de contrôler efficacement son adversaire.

> *Si votre esprit est prêt et est en mode « attente de l'attaque », vous aurez l'impression que l'agression se fait lentement.*

À quel moment doit-on anticiper ou plutôt devrais-je dire, faut-il se connecter au mouvement suivant de notre adversaire ? Dès qu'il y a risque de confrontation. On s'attend à ce qu'il nous frappe. On doit alors tout de suite se positionner pour être prêt à bouger et pouvoir se déplacer dans un angle et une position qui nous sera favorable. Avant même de prendre une posture physique adéquate, il faut se positionner mentalement. Si votre esprit est prêt et est en mode attente de l'attaque, vous aurez l'impression que l'agression se fait lentement, vous laissant tout le temps nécessaire pour bouger dans le bon endroit au bon moment. Naturellement, un minimum de maîtrise de techniques martiales est nécessaire pour éviter de fuir continuellement.

Cette façon de penser peut nous permettre d'affronter plusieurs adversaires. Elle développe notre faculté de voir une situation dans son ensemble plutôt que de focaliser sur le coup de poing qui vient.

L'instinct du tueur

Cette expression peut faire peur aux gens, car pour beaucoup, cet instinct est associé à des êtres violents, irréfléchis, voire même psychopathes et je crois qu'ils n'ont pas tort. Mais lorsque vient le temps de défendre notre vie, cet instinct primitif enseveli très loin au plus profond de nous-mêmes, doit refaire surface. Cela peut faire toute la différence entre la vie et la mort.

Si vous prenez une mère de famille, douce et gentille, une femme qui ne ferait jamais de mal à une mouche, vous considérerez que l'instinct du tueur ne semble pas s'appliquer du tout à elle. Par contre, prenez son enfant et menacez de le brutaliser. Vous verrez probablement dans les yeux de cette dame ce qu'est l'instinct du tueur. Cet instinct est présent chez la plupart des gens. Il faut simplement trouver le moyen de l'utiliser et de le faire ressortir au besoin. Attention, ne pas confondre psychopathe et guerrier.

Cet instinct du tueur est un outil puissant s'il est bien utilisé. Il ne devrait être présent que dans un but de protection. L'entraînement militaire chez les groupes de commandos a pour but de faire surgir cet instinct. On ne pourrait imaginer un soldat en mission qui débattrait longuement sur la moralité de ses actes lorsqu'un adversaire lui tire dessus. Cet instinct du tueur est là pour le maintenir en vie. Oui c'est violent, mais c'est un mal nécessaire.

> *Mais son manque d'instinct du tueur fait en sorte que cette manœuvre lui semble trop répugnante, trop immorale.*

Imaginez une personne qui se fait étrangler. L'agresseur a ses deux mains sur la gorge de sa victime. Ce dernier a les deux mains libres. Il sent ses forces l'abandonner petit à petit. Sa respiration se faire de plus en plus difficile. Sa vision commence à s'embrouiller. Pourtant, il lui aurait suffi de mettre un doigt dans l'œil de son attaquant pour survivre. Mais son manque d'instinct du tueur fait en sorte que cette manœuvre lui semble trop répugnante, trop immorale. Si une personne n'est pas préparée à utiliser une telle technique, il y a des chances que ce simple geste ne puisse être effectué. L'instinct du tueur est ce petit plus qui nous fait dépasser les limites imposées par la morale. La même chose est vraie si l'on vous met un pistolet entre les mains et qu'un individu fonce sur vous avec un couteau. Plusieurs personnes se laisseront tuées plutôt que d'oser prendre la vie d'une autre personne.

Lorsque l'on fait des arts martiaux, il faut accepter qu'une partie sombre de notre personnalité refasse surface à l'occasion. Il en va de notre survie. Lorsque l'enseignement est fait de la bonne façon, ce petit côté obscur de notre personnalité ne prendra pas le dessus. Ça devient un outil puissant que l'on doit apprendre à maîtriser.

La constance

Nous ne progressons pas tous de la même façon dans le *budo*. Il n'est pas rare de voir des étudiants plus intelligents, ayant une certaine facilité à assimiler les techniques, être moins performants que des étudiants aux capacités plus limitées.

Vouloir bien performer dans les arts martiaux relève du parcours du combattant. Bien sûr, il y a d'abord le talent. Certains en possèdent plus que d'autres, mais l'une des conditions essentielles pour assimiler pleinement un art martial repose simplement sur la constance. Le *budo* n'est pas qu'une accumulation de techniques que l'on collectionne au fil du temps. Le *budo* est une manière de pensée, une façon d'entraîner notre esprit et notre corps à réagir. Le plus difficile pour celui qui décide de s'engager sur cette voie est sans aucun doute de garder un bon rythme dans l'apprentissage.

On peut aisément voir la différence entre une personne qui se présente au dojo à toutes les semaines et celles qui sautent fréquemment certaines périodes. Notre cerveau fonctionne bien dans la continuité. On n'a qu'à regarder comment au travail, le processus de repartir la machine est lent au retour de deux semaines de vacances. Il en va de même pour les arts martiaux. Plus on fournit de données au cerveau et plus il fonctionne avec efficacité. L'être humain a une tendance naturelle vers la paresse. Il est si facile de remettre au lendemain ce que l'on peut faire aujourd'hui.

La constance est probablement la chose la
plus importante dans les arts martiaux.

La continuité est le plus grand secret pour performer dans les arts martiaux. Cela est également vrai pour tous les domaines de la vie. Malheureusement, notre propension naturelle à ne vouloir rien faire peut faire en sorte de ralentir notre progression martiale. Qui n'a pas connu dans sa carrière martiale cette journée où ça ne lui tentait pas du tout d'aller s'entraîner et qui au retour était drôlement heureux d'avoir fait l'effort. Que ce soit à cause de la fatigue, du beau temps ou de la pluie, d'une occasion d'aller prendre un verre entre amis, la liste d'excuses pour ne pas se présenter en classe est longue. Pour beaucoup de gens, le niveau de compétence qu'ils possèdent les satisfait amplement. Pour les autres, il n'y a pas à chercher loin sur la manière de s'améliorer. La constance est probablement la chose la plus importante dans les arts martiaux. C'est ce qui fait qu'après un certain temps, on peut surmonter l'un de ces paliers où l'on a l'impression de plafonner, cette étape de stagnation où l'on commence à douter de nous-mêmes. Dans le *budo*, la persévérance est synonyme de compétence. Alors, si vous vous demandez pourquoi votre niveau de compétence n'est pas meilleur, peut-être faudrait-il regarder du côté de votre constance au dojo ?

Mes rencontres

Lorsqu'on évolue dans les milieux martiaux, on rencontre toute sorte de gens. Si parfois certaines rencontres sont désagréables, elles sont la plupart du temps très plaisantes. Je vais raconter ici quelques-unes de ces rencontres qui m'ont influencé dans ma quête martiale. Ces rencontres ne seront pas nécessairement classées par ordre, mais comment elles me reviennent à l'esprit. Je trouvais qu'il était important de relater ces rencontres dans ce livre. Peut-être avez-vous déjà lu ces textes sur le site internet du dojo. Si oui, ça sera du déjà-vu. Sinon, ça vous permettra de comprendre un peu mieux l'auteur de ce livre.

La qualité d'un bon art martialiste se fait à la somme de ses expériences. Plus elles sont diversifiées et plus le pratiquant a des chances d'évoluer et de devenir efficace. Plus il accepte le partage offert par divers gens d'expérience, meilleure sera sa qualité martiale.

Un adage dit que quand l'élève est prêt, le maître se présente à lui. Je ne sais pas si c'est vrai, mais pour ma part je me considère comme particulièrement chanceux dans ma progression martiale. Le hasard a toujours mis sur ma route les bonnes personnes au bon moment.

On ne jette pas de perles aux pourceaux

Durant plusieurs années, avec un petit groupe d'amis, nous nous retrouvions tous les mardis après-midi pour un échange martial. Nous étions dans les moments forts, six ou sept arts martialistes à partager nos connaissances. Cela devait se passer dans la première moitié des années 80.

Chacun des participants possédait une ceinture noire dans au moins deux styles. À nous tous, on devait totaliser une bonne vingtaine de styles d'arts martiaux différents. Tous des gens qui n'avaient plus rien à prouver et qui, pour la plupart, n'enseignaient plus ou peu.

L'un de ces pratiquants était vraiment tout un personnage. Il était ceinture noire en *judo*, en *aïkido* et dans un style de *ninjutsu* assez particulier. C'est cet ami qui m'a enseigné les bases des frappes en vibrations. Sa corpulence aurait dû faire en sorte que les roulades soient difficiles pour lui. Au contraire, il roulait comme un chat.

À un certain moment, lors d'un combat, je lui ai donné un coup de pied circulaire en bon karatéka. Ce fut une regrettable erreur. Il a saisi ma jambe et m'a fait un *ippon seoi nage* par la jambe. Ma figure s'est retrouvée à presque trois mètres dans les airs pour aller percuter violemment le tatami. J'ai beaucoup appris cette journée-là.

> *Ce que cet ami nous enseignait serait politiquement incorrect de nos jours.*

Tous styles confondus, il était probablement l'un des arts martialistes les plus efficaces voire même l'un des plus dangereux en situation réelle. L'étendue de ses connaissances n'a jamais cessé de m'étonner. Un jour, alors qu'il travaillait pour une entité gouvernementale qui officiellement n'existait pas, lui et son groupe ont reçu une formation par un vieux maître asiatique qui ne désirait pas donner sa vraie nationalité.

D'après ce que nous enseignait cet ami, il était évident que c'était du *ninjutsu*. Un *ninjutsu* plus simple, mais surtout plus opérationnel en situation réelle, que ce qui s'enseigne généralement dans les écoles de *ninjutsu*. Techniques de frappes pour briser une colonne, contrôle de respiration avancé, techniques de saisies qui vous paralysaient, frappes en vibration et j'en passe. Ce que cet ami nous enseignait serait politiquement incorrect de nos jours.

Un jour que je lui demandais pourquoi il n'ouvrait pas sa propre école d'art martial, sa réponse fut spontanée et directe : « On ne jette pas de perles aux pourceaux. »

Sa philosophie était très simple. Pour lui, la plupart des gens n'ont pas la capacité de voir ce qu'ils ont de précieux entre les mains et d'apprécier cet héritage. C'était un peu radical, mais il était comme ça. J'appréciais davantage la chance qu'il partage une partie de ses connaissances avec moi. On dit que lorsque l'élève est prêt, le professeur se présente à lui. Je ne sais pas si c'était le cas, mais il est sûr que je ne serais pas le même art martialiste s'il ne m'avait pas permis d'accéder un peu à ses connaissances.

Un peu plus tard, en 84, j'ai eu la chance d'être accepté comme instructeur de points de pression dans le domaine policier. Le responsable pour le Canada m'a fait confiance et a accepté qu'une personne comme moi, qui n'était qu'un civil et qui, de plus, avait les cheveux longs, puisse faire partie des premiers instructeurs de PPCT au pays. Dans ce système, on utilise des frappes en onde de choc. S'il m'a accepté, c'est peut-être que je n'avais pas trop de problèmes à utiliser et à enseigner ces frappes difficiles que je connaissais déjà et que je commençais à bien maîtriser.

Une petite partie de ces connaissances est utilisée aujourd'hui par le DAPP (Défense Assistée par Points de Pression) et permet de contrôler des individus agressifs.

Voir au-delà des apparences

J'ai été animateur d'une série télé sur les arts martiaux. On a dû fait une cinquantaine d'émissions au total. C'était difficile, car de la conception à la réalisation, j'ai dû consacrer un nombre impressionnant d'heures de travail, mais ça valait grandement la peine. À chaque émission, je recevais des invités d'autres styles d'arts martiaux. Je pouvais avoir enfin des réponses sur diverses facettes de ces arts martiaux. Naturellement, le but étant de promouvoir les arts martiaux en général, j'évitais de poser des questions embarrassantes aux invités, questions qui auraient probablement discrédité tous les arts martiaux en général. Le but était d'informer le public et non de susciter la controverse. Par contre, en coulisses, j'ai appris énormément. Mes invités se sont toujours montrés généreux. Ils ont tout fait pour me donner des réponses ou pour m'aiguiller dans mes recherches.

Parmi mes invités, un de ceux qui m'ont le plus marqué était sans contredit Maître Léonardo Endrizzi. Il est malheureusement décédé en 2005 à Portland en Oregon. *Sifu* de haut niveau dans les écoles d'Al Dacascos, il était l'un des directeurs de la fédération *Kajukenbo* international, il était un personnage qu'on ne peut oublier lorsqu'on l'a côtoyé, ne serait-ce que brièvement. Nous sommes le matin du tournage, j'attends un Maître de renommée internationale, à la réputation solide. Il n'était pas connu dans les secteurs compétitifs, mais tous ceux qui avaient le *budo* à cœur et qui cherchaient la voie avaient entendu parler de lui à un moment ou un autre. Maître Endrizzi s'était entraîné avec des légendes comme Bruce Lee, Adriano Emperado et avec William Chow lui-même.

Je connais la réputation de l'homme, mais j'ignore tout de l'homme lui-même. À cette époque (1982), j'avais une école à Pintendre, sur la Rive-Sud de Québec. Le dojo était dans un club de tennis et de racquetball. Quelques gars et moi, de l'équipe de production, étions dans le coin restaurant à prendre un café avant de se rendre au studio de télévision. Arrive un gros bonhomme, avec un surplus de poids évident, cigarette à la bouche. Quelques personnes l'entouraient dont son épouse, une personne des plus sympathiques. La première réaction de tout le monde fut de s'exclamer : « c'est qui lui ? » Il se dirigea vers moi. C'était Maître Endrizzi. À cette époque, je ne faisais des arts martiaux que depuis une dizaine d'années et mon esprit fut très rapide à porter un jugement négatif : « N'importe qui pourrait battre cet homme ». Mais l'émission était plus importante que mes petites émotions, rien ne parut dans mon visage.

À sa première démonstration, je réalisais à quel point je m'étais trompé à son sujet.

Ça ne fut pas très long, que dès ses premières phrases, j'étais accroché à ses lèvres. Sous cet aspect, ne s'apparentant absolument pas à un art martialiste, se cachait un guerrier à la connaissance martiale étendue. Il avait une compréhension incroyable de la voie du guerrier. À sa première démonstration, je réalisais à quel point je m'étais trompé à son sujet. Peu de gens auraient pu le battre. Ses frappes étaient rapides et d'une précision chirurgicale. Chaque mouvement, chaque frappe, attaquait des zones très précises qui n'avaient rien à avoir avec le hasard. Naturellement les *kyushos* étaient à l'honneur.

Par la suite, je lui rendis quelques visites de politesse à son dojo. Il m'avait donné un cadeau inestimable. Il m'a donné le goût des *kyushos*, mais surtout, il m'a appris à ne pas me fier aux apparences. Même si notre contact a été bref, je ne serais sûrement pas la même personne aujourd'hui sans cette rencontre.

Des rumeurs

Sur une de ces émissions, je devais recevoir Maître Fernand Morneau. Maître Morneau était à l'époque le champion du monde de casse. À la Baie-James (centrale hydro-électrique) ils sont réputés pour avoir du bon béton. Ils ont coulé un bloc plein en béton et ont parié qu'il ne pourrait le casser. Ils ont perdu leur pari. Le bloc devrait encore être au musée de LG1 à la Baie-James. Outre ses talents de casseur Fernand Morneau était un combattant extraordinaire. Il a gagné un nombre impressionnant de compétitions en *full contact*.

> *La plupart des arts martialistes essayaient de me convaincre de ne pas l'inviter.*

Il avait accepté de venir participer à mon émission. La plupart des arts martialistes essayaient de me convaincre de ne pas l'inviter en me disant que j'aurais des problèmes avec lui. Son caractère allait de pair avec son talent d'art martialiste. Ces avertissements venant de tant de personnes différentes commençaient à me faire douter.

La journée tant attendue arrive enfin. On fait les présentations, je me retrouve face à un bonhomme extrêmement poli et surtout totalement gentil. Jusque-là tout va bien. Il n'a aucune exigence et ne joue absolument pas les vedettes. Rapidement, il a su me mettre à l'aise. Malheureusement, durant le tournage, tous les problèmes du monde survinrent. Panne de courant de secteur, durant à peine cinq ou six minutes, mais le temps de tout remettre en marche on venait de perdre 45 minutes. Problèmes à la régie du son, on doit recommencer des séquences. Une partie de l'éclairage qui lâche. Bref toutes sortes de problèmes qui n'étaient jamais survenus auparavant.

En aucun moment, Maître Morneau n'a montré d'exaspération. Il a toujours eu le sourire aux lèvres et a gardé son sens de l'humour malgré les problèmes. Au contraire, il m'avait expliqué que lui-même faisait du tournage et que ces problèmes étaient normaux, de ne pas m'en faire avec ça.

Est-ce que la perception des gens était fondée ? Je ne sais pas. La seule chose que je sais c'est qu'aujourd'hui je ne me fie pas sur le jugement des autres, j'attends et je fais ma propre évaluation. L'image que je garde de maître Morneau est celle d'un gentleman.

Autour d'un café

Je possédais un dojo depuis déjà plusieurs années lorsque l'on en a ouvert un dans la ville de Québec au Centre Mgr Marcoux. Un charmant petit dojo, complètement sur *tatamis*. Chaque dojo dégage une énergie qui lui est propre. Ce dojo n'échappait pas à la règle. Il dégageait une énergie très positive. Je pense que tous ceux qui ont eu la chance de s'y entraîner ont pu constater l'influence qu'il projetait sur chacun de nous. Certains dojos dégagent de l'énergie plus positive que d'autres. Ce dojo communautaire, qui avait vu passer beaucoup d'arts martialistes avant nous, en aurait long à raconter.

Toujours est-il qu'à cette époque, j'avais déjà pris quelques séminaires de *kuatsu* avec un bon ami à moi, Alain Gauthier. Alain est l'un des meilleurs arts martialistes que je connais. Il est noir dans plusieurs styles et possède une compréhension de ce qu'il fait qui est bien loin au-dessus de la plupart des gens qui pratiquent les arts martiaux. Je désirais cependant pousser un peu plus loin ma quête des *kuatsu*. À l'époque, il n'y avait pas vraiment de livre sur le sujet au Canada. On oublie Internet qui en était encore à ses balbutiements. Bref, rien à faire pour arriver à trouver ce que je cherchais.

Un beau jour, je reçois un appel téléphonique à la maison. Un charmant monsieur du nom de Marcel Stocker désirait me rencontrer. Ce monsieur dont j'ignorais même l'existence désirait me rencontrer la journée même. De façon habile, il a réussi à s'inviter chez moi, ce qui est un tour de force pour un étranger. Le monsieur, un homme sur la fin de la soixantaine, début soixante-dix, arrive à la maison. Je lui offre un café. Il sort un petit pot de Maxwell house en me disant qu'il ne buvait que de cette marque-là. Il avait apporté son propre pot de café. Ça vous donne une idée du personnage.

Il était l'un de ceux qui avaient introduit le *judo* et le *ju jutsu* au Canada. On a tendance à oublier qu'il a fallu que quelqu'un amène ces arts martiaux dans notre pays avant de les pratiquer. Les hommes comme lui sont des pionniers qui ont osé partager leurs savoirs, à une époque où ouvrir un dojo ne pouvait pas vraiment faire vivre son homme. M. Stocker était un homme qui aimait parler et je prenais plaisir à l'écouter. Notre relation était principalement philosophique avant d'être technique. À sa demande, je suis allé chez lui à quelques reprises pour le simple plaisir de discuter. Par la suite, je l'ai invité au Centre Mgr Marcoux afin que mes étudiants puissent avoir la chance de rencontrer ce personnage. Il n'enseignait plus depuis plusieurs années, mais il était content de se retrouver à nouveau sur le tatami. Il nous a fait des démonstrations de bris de chute qui était impressionnantes de la part d'un homme de cet âge. Je parlais de la fin de la soixantaine, mais c'était peut-être un peu plus que soixante-dix ans. Je pense qu'il avait le besoin de léguer certaines connaissances avant de mourir et que nous nous sommes trouvés sur son chemin à ce moment-là.

Bref, il nous a enseigné des techniques d'une autre époque.

Il possédait un *judo* et un *ju jutsu* qui dataient d'avant l'ère moderne, axée sur la compétition. Il nous a enseigné plein de petits parallèles sur comment se faisaient telle projection anciennement, versus la façon moderne. Il nous a enseigné également plusieurs petites variations sur les bris de chutes, étranglement et autres. Bref, il nous a enseigné des techniques d'une autre époque. La cerise sur le gâteau, il m'a enseigné certains des *kuatsus* que je désirais connaître depuis longtemps.

Pourquoi il m'avait contacté et pourquoi il m'avait choisi pour partager ses connaissances ? Je ne le saurai jamais. Je n'avais jamais senti le besoin de lui demander. Je le regrette aujourd'hui, j'avoue que cela m'intrigue et que j'y repense occasionnellement.

L'enseignement d'un chamane

Mon premier professeur de *ninjutsu* était un bonhomme assez particulier et un peu étrange. Du point de vue martial, sa technique était excellente. J'ai vu très peu de ceintures noires manier le *hanbo* avec sa dextérité. Du côté technique, pas de problème, il était un très bon pédagogue et il savait comment corriger rapidement nos défauts. Professionnellement, c'était un consultant en conditionnement physique pour le gouvernement américain. Il était donc habitué à enseigner et à corriger les gens.

En parallèle de sa carrière civile et martiale, il avait été initié à des traditions chamaniques de descendance inca. Il était lui-même un shaman. J'avoue que cet aspect de lui ne m'intéressait pas vraiment et que tout au plus, ça réussissait à m'arracher un petit sourire sarcastique au début. Jim était un professeur particulièrement dur avec ses étudiants. Les bleus et la souffrance étaient normaux sur les cours. Je l'ai vu donner un coup de pied sur la cuisse d'un de mes étudiants et la trace de la semelle de caoutchouc du *tabi* était restée imprégnée sur sa cuisse une bonne semaine. On pouvait voir tout le dessin de la semelle. Aujourd'hui ça ne passerait peut-être pas, mais à l'époque c'était normal. Il faut dire que même si ça faisait mal, il n'y avait pas de blessures ou de séquelles.

> ***J'avais l'impression que ce qui s'est déroulé en une fraction de seconde avait duré quelques minutes.***

À un moment, avant de me faire une projection, Jim me dit : « remarque bien ce qui va se passer ». À peine avait-il fini de me dire cela, que je me suis senti projeté avec force et ce qui survenu ensuite, constitua une véritable révélation dans mon esprit d'art martialiste à l'esprit étroit. Toute l'action se déroulait au ralenti. J'avais le temps de penser, de voir le sol, d'évaluer différents bris de chute, de voir les gens autour et de regarder le professeur qui me fixait de ses yeux et qui avait un grand sourire accroché à ses lèvres. J'avais l'impression que ce qui s'est déroulé en une fraction de seconde avait duré quelques minutes. Volontairement, je ne sais comment il a fait ça, il m'a amené dans un état où toute l'action se déroulait au ralenti.

Il arrive parfois que l'on attrape un objet qui tombe et qu'on ait l'impression que l'action se passe lentement. Mais ce ralenti-là était beaucoup plus lent que tout ce que j'avais pu vivre auparavant. Les coureurs automobiles connaissent bien ce phénomène. Par contre, là où ça devient un peu plus extraordinaire, c'est que le phénomène fut induit par une tierce personne.

Hatsumi sensei avait déjà mentionné que même s'il y a plusieurs personnes qui attaquent, les attaques n'arrivent pas au même moment. Pour une personne qui regarde ces attaques de l'extérieur, elle aura l'impression que ces attaques sont soutenues et arrivent en même temps. Mais puisque celui qui les subit perçoit ces attaques au ralenti, il a largement le temps de bloquer chacune d'elle avec efficacité et stratégie.

Par la suite, avec lui, j'ai vécu plusieurs expériences martiales étranges. Je n'avais pas le choix de réaliser qu'il y avait bien plus que la technique. C'est à partir de ce moment que j'ai commencé à méditer sur les trois triangles qui donnent un faible aperçu des capacités que peut développer un maître d'art martial.

Des Japonais au Québec

À la fin août, début septembre 2006, nous sommes invités par le consulat japonais pour démontrer ce qu'est le *ninjutsu* lors d'une exposition. Ils nous ont offert la possibilité durant quatre jours de tenir un kiosque et de présenter des démonstrations d'arts martiaux au public.

Deux faits ont marqué cet événement. En effet, un des grands noms japonais du *kendo*, Maître Kimura, était présent. Je l'avais déjà rencontré à quelques reprises. Pour donner une idée du personnage, un jour où je suis seul à l'aéroport de Narita à Tokyo et que j'attends pour embarquer, je vois un japonais qui discute avec quelques personnes. J'étais impressionné du nombre de personnes qui croisaient ce groupe et qui s'arrêtaient pour le saluer le plus respectueusement du monde. Quelques minutes plus tard, la personne qui était le centre d'attraction du groupe se sépara du groupe et vint directement dans ma direction. C'était maître Kimura, je ne l'avais pas reconnu. Durant la quinzaine de minutes où nous avons discuté, près d'une vingtaine de personnes se sont arrêtées pour le saluer. Il arrivait d'une compétition de *kendo* en Thaïlande, où il était arbitre.

Cet homme m'a toujours impressionné par sa simplicité et son humanité. À la fin d'une soirée, durant l'événement qui s'est tenu à Québec, nous avons philosophé une bonne heure.

L'énergie vient de l'homme et non de la technique.

Nous avons discuté entre autres de l'importance d'être soi-même dans la pratique martiale. L'énergie vient de l'homme et non de la technique. On a discuté du fait que beaucoup d'arts martiaux sont robotisés, sans âmes. Que si on pratique un art martial sans y mettre de son âme, ça ne reste qu'une coquille vide.

Une telle discussion peut sembler simpliste, mais venant d'un art martialiste de haut niveau comme Kimura sensei, je pense que ça vaut la peine de prendre le temps d'y réfléchir. Naturellement, il y a eu d'autres conversations sur les arts martiaux, mais ça serait un peu indiscret d'en parler ici.

Dans un deuxième temps, je me suis très bien entendu avec un des adjoints au consulat. Il pratiquait *l'aïkido* depuis de nombreuses années. Il s'intéressait particulièrement à des techniques de respirations un peu particulières. Quand je lui ai dit que je n'avais jamais vu ces exercices de respiration dans *l'aïkido*, il m'offrit une réponse assez surprenante : « C'est dans *l'aïkido* japonais ». Je compris qu'il voulait dire que ces techniques n'étaient généralement pas enseignées aux Occidentaux.

Ça me faisait un peu étrange d'avoir une telle conversation dans une pièce de rangement du centre d'exposition. Je ne sais pas pourquoi, mais il tenait à m'enseigner ces techniques et j'avoue que je commence tout juste à voir tout le potentiel de celles-ci. J'ai toujours été chanceux dans ma carrière martiale, j'ai eu la chance de rencontrer des professeurs de haut niveau et surtout, d'avoir une relation particulière avec eux et la chance de discuter et surtout d'avoir eu le privilège qu'ils acceptent de partager leurs connaissances avec moi. J'avais accepté de participer à cet événement un peu à reculons, car je manquais de temps. J'aurais perdu énormément si je n'y étais pas allé.

Réinventer la roue

Il existe de nos jours un nombre incroyable de styles d'arts martiaux et la plupart sont relativement récents. Malheureusement, ce ne sont pas tous les styles d'arts martiaux qui sont égaux dans ce processus de création. Lorsqu'on a accès à un style comme le *ninjutsu*, un art martial qui a traversé les époques féodales du Japon, qui a passé au travers un nombre impressionnant de batailles en situation réelle, quel est l'intérêt de créer un art martial qui n'a aucune expérience de la vraie vie ?

Ça serait un peu prétentieux que de penser qu'on peut surpasser ce qui a pris plus de 900 ans à se raffiner.

À un rassemblement martial regroupant une vingtaine de pays, un pratiquant ceinture noire qui fait le même style que moi est présent au stage. Il n'est pas là pour enseigner notre art martial, mais bien pour enseigner sa nouvelle création. L'atelier qu'il donne est sur la défense au couteau, justement, ma spécialité. Je dévore tout ce que je trouve sur le combat contre couteau. J'ai été drôlement déçu de voir les techniques. Elles étaient irréalistes, voire même dangereuses pour celui qui les utiliserait. C'était un non-sens. Heureusement, cette personne a compris et a abandonné l'idée de créer son propre art martial. Ça serait un peu prétentieux de penser qu'on peut surpasser ce qui a pris plus de 900 ans à se raffiner. 34 générations d'arts martialistes qui ont affiné la sauce avant nous.

On s'aperçoit que l'on peut retrouver plusieurs niveaux d'entraînement au sein d'une même technique.

J'étais un sixième *dan* de *kempo* dans le style de Fred Villari. Je dis bien j'étais, car maintenant, je ne fais plus que du *ninjutsu*. M. Villari a créé son propre style. Il n'a pas inventé de nouvelles techniques, il s'est contenté d'aller chercher à gauche et à droite, des techniques qui existaient déjà et il les a regroupés en un tout cohérent. On retrouve beaucoup de *koto ryu* dans ses techniques.

Lorsqu'on approfondit celles qu'il a codifiées, on s'aperçoit que l'on peut retrouver plusieurs niveaux d'entraînement au sein d'une même technique. En soi, ces techniques sont une école de *kyushos*. Par contre, on peut souvent voir des gens qui ont créé leurs propres techniques et elles ne sont généralement pas à plusieurs niveaux. Vous bloquez, donnez un coup de poing et ça ne va pas plus loin.

Un bonhomme que j'admire beaucoup, Pierre Simard, a su créer un style vivant. Il n'a pas cherché à réinventer la roue, mais il a su rendre accessible à la compréhension de tous, un grand nombre de techniques style *aïkido*. Il a su simplifier et mettre à la portée de tous des principes martiaux parfois difficiles à comprendre. C'est le seul art martialiste que j'ai vu dans ma vie, prendre un groupe de vingt-cinq ou trente enfants et qui dans l'espace d'une heure, leur fait réussir des techniques complexes pour lesquelles même les adultes rencontrent des difficultés. Malheureusement, les créations de style ne sont pas toutes des réussites comme celle-là.

Il y a huit ou neuf ans, un individu désire me rencontrer. Il est cinquième *dan* dans un style que je ne connais pas. On se donne rendez-vous à mon dojo à la fin d'un cours. Son visage ne me dit rien, il ne fait pas partie de l'univers martial que je connais. Après quelques politesses d'usage, il m'explique qu'il a créé son propre style d'art martial et qu'il me donne tout de suite une ceinture noire premier *dan* si je m'associe à lui. Je n'ai aucune idée à quoi ressemble son style et je ne désire absolument pas le savoir. Ma réponse est instantanée: « non, merci ! » Vous auriez dû voir la figure de cet homme, l'incompréhension qui se lisait dans son visage. Visiblement, il ne comprenait pas que quelqu'un puisse refuser une ceinture noire. Il avait la certitude que je sauterais sur cette occasion inespérée. Dans le milieu martial de Québec, le fait que j'étais animateur d'une émission de télé sur les arts martiaux me donnait une bonne crédibilité. Cet homme voulait tout simplement utiliser cette crédibilité pour faire valider son style d'art martial.

Un jour où je suis dans un séminaire d'art martial, un homme se vante d'être ceinture noire dans trois styles d'arts martiaux. Les gens sont admiratifs devant lui. Il explique des choses et certaines d'entre elles n'ont absolument pas de sens. Je lui en fais la remarque. Insulté, il me demande dans quel style je suis ceinture noire. À l'époque, je n'étais ceinture noire qu'en *kempo*. Sa réplique a été vive, moi je suis ceinture noire dans trois styles. À ma demande, il m'a nommé les styles dans lesquels il était noir. Je n'avais plus aucun complexe face à lui. Ses trois styles étaient donnés par le même professeur qui n'avait pas bonne réputation à l'époque. Il enseignait le même matériel, mais changeait de nom aux deux ou trois ans, redonnant de nouvelles ceintures noires à ses étudiants qui demeuraient avec lui. Après avoir mis cette évidence à la figure de cette ceinture noire, la conversation s'est tout de suite arrêtée. Il n'avait aucun argument autre que ses ceintures pour valider les techniques qu'il enseignait. Les trois styles étaient en fait le même, mais avec peut-être un petit 10 % de différence sur certaines techniques.

Il y a eu hélas bien d'autres anecdotes de ce genre... Bref, tout ça pour dire que je ne pense pas que l'on puisse réinventer la roue.

Stephen K Hayes

Celui qui a popularisé le style du *Bujinkan* en Amérique est sans contredit Stephen K Hayes. J'ai eu la chance de l'avoir comme professeur durant plusieurs années. À l'occasion, il donnait des séminaires à Québec. Un jour où il était à Québec avec une journée d'avance, il a accepté de venir donner un cours à mes ceintures noires de karaté. Hayes est un professeur dans l'âme. Je ne l'ai jamais vu refuser d'enseigner quelques heures supplémentaires.

Le plus incroyable, c'est qu'il demeurait constamment à portée de bras sans que je ne puisse l'atteindre.

À cette époque, j'avais environ 35 ans. Sur le cours de ceinture noire, il nous enseigna des techniques d'esquive. Là où ça devient intéressant, c'est qu'à un certain moment, il m'a demandé de le frapper. J'ai fait ce que l'on fait habituellement en *ninjutsu*, un punch allongé avec dépars *ichimonji*. Il m'arrêta. Non, attaque comme si tu étais en combat de rue. J'ai commencé par quelques coups de poing rapides assez contrôlés. Il évitait tout. Je suis alors passé en mode combat et je le frappais de façon retenue au visage, mais avec toute mon énergie pour les frappes au corps. Rien à faire, il esquivait toutes mes frappes. Le plus incroyable, c'est qu'il demeurait constamment à portée de bras sans que je ne puisse l'atteindre. Je pouvais l'effleurer, mais en aucun cas je ne pouvais avoir un impact total. Dans ma jeunesse, j'avais déjà fait du *full-contact* à une époque où les équipements de protection n'existaient pas. Je me sentais dans ce *feeling* d'attaque. J'étais un excellent karatéka. Même aujourd'hui dans cette situation, je peux vous dire que j'atteindrais ma cible sur la plupart des combattants, mais Hayes était dans une catégorie supérieure.

Une autre fois, toujours lors d'un séminaire à Québec, Hayes a fait preuve d'une dextérité étonnante. Un de mes bons amis, ceinture noire en *katori shinto ryu*, était venu prendre part au séminaire de Hayes. Dans *l'hekito kata* qu'enseignait Hayes, on devait passer sous le sabre pour aller porter nos mains sous les coudes de l'attaquant. Mon ami argumentait qu'il était impossible d'être suffisamment rapide pour passer sous le sabre sans se faire couper. Stephen Hayes lui a alors demandé d'attaquer le plus rapidement possible sans lui laisser de chance. Toutes les fois, Stephen Hayes semblait se déplacer avec aisance et arrivait à se positionner sans se faire toucher. J'avoue qu'à la vitesse que descendait le sabre, j'étais sûr que Stephen Hayes échouerait dans sa démonstration.

Il prit quelques katas et nous expliqua comment rendre ces techniques réalistes pour les combats de rue.

Suite à une conversation où quelqu'un avait dit que les techniques que nous avions dans le *Bujinkan* se prêtaient mal pour de la défense en situation réelle, il prit quelques *katas* et nous expliqua comment rendre ces techniques réalistes pour les combats de rue. Tout était là devant nos yeux, mais personne n'avait vu ce potentiel. Quelques angles à changer, un peu d'adaptation sur les distances et les techniques devenaient réalistes contre des attaques soutenues telles que vécues dans la rue. Il avait déjà compris tout ça. Stephen Hayes m'a apporté beaucoup. Il m'a fait voir le côté réaliste de la rue. Hatsumi sensei fait la même chose, mais les gens ne le réalisent pas toujours. Stephen m'a permis de comprendre qu'une technique de *ninjutsu* est rarement à un seul niveau.

À cette époque, j'étais assez près de Hayes pour que l'on puisse prendre une bière chez moi comme chez lui. On a déjà eu de longues discussions assis sur le sol en grignotant des croustilles. J'ai eu la chance de connaître l'homme derrière le personnage. Aujourd'hui je ne suis plus avec lui pour diverses raisons, mais peu importe ces raisons, je ne pourrai jamais discréditer le talent martial de cet homme. Il était au Japon au moment où le *ninjutsu* n'était pas occidentalisé. Il a probablement eu la chance de recevoir des enseignements qui ne sont plus offerts de nos jours. Le fait qu'il soit américain doit y faire dans le fait que beaucoup de gens le dénigrent. Mais peu importe ce que tout le monde peut en penser, sans lui, le *ninjutsu* ne serait pas comme nous le connaissons aujourd'hui.

Shawn Havens

Au début des années 90 lors d'une conversation avec Stephen Hayes, le nom de Shawn Havens vint rapidement sur le tapis. Après avoir demandé à Stephen qu'est-ce qui me manquait pour m'améliorer, il me répondit du tact au tact que je devais m'entraîner avec Shawn Havens. Je n'avais aucune idée de qui il était à ce moment. Sa réponse était surprenante : « Shawn est probablement le meilleur pratiquant non japonais au monde en ce moment ». Je m'attendais à tout sauf à ce genre de réponse.

À l'âge de 12 ans, Shawn vivait chez sa grand-mère dans l'état de New York. Il avait réussi à convaincre sa grand-mère de déménager en Ohio, car c'était le seul endroit où le *ninjutsu* s'enseignait à l'époque. Il y a des gens qui sont bons en *ninjutsu*, Shawn était au-delà de ça, c'était un virtuose.

Très tôt, il a commencé à nous initier à différents concepts, comme l'importance de comprendre l'alignement des os.

Il avait ça dans le sang. Comme professeur, il était dur, mais juste. Il trouvait toujours la manière de nous encourager tout en soulevant des points que l'on avait à travailler. Il trouvait toujours le moyen de nous motiver tout en ne nous permettant pas de nous asseoir sur nos lauriers. Shawn allait régulièrement s'entraîner au Japon. Officiellement, il était un élève de Manaka sensei. Très tôt, il a commencé à nous initier à différents concepts comme l'importance de comprendre l'alignement des os. Curieusement, Hatsumi sensei a recommencé à parler de ce principe important lors de mon séjour au Japon pour le Daikomyosai 2008. Il en a parlé à quelques reprises alors que durant des années auparavant, il n'en a pratiquement pas glissé mot. Je pense qu'il tenait pour acquis que ces choses avaient déjà été enseignées au début de l'extériorisation du *ninjutsu* et que tout le monde devait connaître cela.

Hatsumi sensei veut que l'on travaille les bases et l'alignement des os en fait partie. Il est facile de présumer que Shawn a eu accès à ces bases par le biais de Manaka sensei. Durant les quelques années où j'ai eu Shawn comme professeur, il n'a jamais manqué de soulever l'importance de l'alignement des os pour des *kamaes* forts. Sur un bloc *ichimonji* de Shawn, on avait l'impression de recevoir un coup de batte de baseball. Je suis sûr que tous mes étudiants de l'époque seront d'accord avec moi.

Shawn était un technicien hors pair. Il savait comment obtenir l'angle idéal et à quel moment l'utiliser pour retourner l'énergie contre l'adversaire ou comment influencer le *timing* d'un adversaire et capturer l'esprit d'un attaquant et l'amener dans un schème de pensée différent. Curieusement, il nous a enseigné beaucoup de principes que nous ne retrouvions pas dans le *Bujinkan*, disons plus moderne. Depuis un an et demi, Hatsumi sensei s'est remis à enseigner plusieurs de ces principes en prenant soin de nous dire que ce sont des bases. Probablement qu'il avait enseigné ces principes au début de l'occidentalisation du *ninjutsu*, mais qu'il ne l'avait pas enseigné depuis longtemps.

Ça devrait être le travail des professeurs comme moi d'avoir la tâche de retransmettre cet enseignement.

Il n'appartient pas à Hatsumi sensei d'enseigner des bases. Normalement ça devrait être le travail des professeurs comme moi d'avoir la tâche de retransmettre cet enseignement. Il semble que quelque part, dans la chaîne de transmission des connaissances, de l'information semble s'être perdue en cours de route. J'ai l'impression que pour Shawn, son professeur Manaka sensei avait pris le soin de lui transmettre ces bases.

Shawn est venu fréquemment donner des séminaires à Québec. À chacune de ses visites, le calibre du dojo augmentait un peu plus. Avec lui comme avec Stephen Hayes, il est arrivé fréquemment que l'on sorte la table et les chaises de la cuisine afin de s'y entraîner. C'était assez étrange de faire du *ninjutsu* dans la cuisine.

Shawn ne faisait pas de cadeau. Il était d'une exigence incroyable pour la passation des ceintures. Il était assez rare qu'un étudiant réussisse son test de *kyu* du premier coup avec lui. Mais même lorsque le test était un échec, l'étudiant repartait avec des explications très détaillées sur ce qu'il devait travailler.

À un certain moment, son professeur a quitté Hatsumi sensei. Shawn est une personne qui est fidèle à son professeur. Il aurait aimé rester avec Soke, mais par fidélité, il a suivi celui qui lui enseignait personnellement depuis des années. Il aurait pu essayer de nous entraîner avec lui et Manaka Sensei. Il n'en a rien fait. Il nous a quittés en disant que c'était mieux pour nous de continuer avec le *Bujinkan*. Ce fut la fin de mon parcours avec lui, car je désirais de toute façon, demeurer avec Hatsumi sensei.

Un mentor extraordinaire

Si nous sommes la somme de nos expériences, alors une bonne partie de ce que je suis, je le dois à André Trudel. André est un bonhomme extraordinaire. Ancien capitaine de l'armée, ancien garde du corps du premier ministre Pierre-Elliot Trudeau, André est un homme de terrain, un homme d'action. Il a été garde du corps de la princesse Anne lors de ses visites au Canada. Il a protégé également plusieurs diplomates étrangers, d'hommes d'affaires à haut risque et j'en passe. Son travail dans la protection des personnalités à très haut risque l'a déjà amené à faire des escortes armé d'un fusil de calibre 12. C'est lui qui, au début des années 80, a introduit le PPCT au Canada. Il a d'ailleurs créé un système de contrôle par points de pression pour les hôpitaux, un système qui relève du génie.

À cette époque les préjugés étaient tenaces dans le monde de la sécurité. Je n'étais pas policier et pire, j'avais les cheveux longs. André m'a malgré tout accepté comme instructeur de PPCT. Encore aujourd'hui, je me demande si ce n'est pas à cause de mes cheveux longs qu'il m'a tellement fait mal lorsque je lui servais de *uke* sur les premiers séminaires de points de pression au Canada.

> ***C'était bien beau de se défendre soi-même au combat corps à corps, mais comment protéger une tierce personne contre des armes à feu ?***

Début des années 90, le Dalaï-Lama doit venir au Québec. Considérant qu'à l'époque il n'était pas une personnalité politique reconnue, sa protection était assurée par des bénévoles. Dans ces bénévoles, on comptait aux USA des gens connus comme Richard Gere, et des moins connus qui œuvraient dans l'ombre. Dans cette ombre, il y avait des ninjas. Stephen K. Hayes et pas mal de personnes pratiquant le *ninjutsu* étaient volontaires pour la protection du Dalaï-Lama. Alors naturellement, lorsqu'il a été question qu'il vienne au Québec, nous avions été désignés pour le protéger. C'était bien beau de se défendre soi-même au combat corps à corps, mais comment protéger une tierce personne contre des armes à feu ? La réponse était simple. Se faire former. Un appel téléphonique à mon ami André et nous avions un premier groupe en formation. J'allais découvrir par la suite qu'André comptait parmi les meilleurs spécialistes au monde, dans la protection de la personne.

Malheureusement, ou plutôt heureusement, le Canada a reconnu le Dalaï-Lama comme personnalité politique. Donc à partir de ce moment, sa protection se fit par la Gendarmerie Royale du Canada. Mais la piqûre du travail de garde du corps était restée. Par la suite, nous avons ouvert une école de garde du corps et de sécurité. André avait accepté de former des gens pour nous. Nous avons engagé d'autres instructeurs parmi les meilleurs que l'on pouvait trouver au Canada. CFASQ, le Collège de Formation d'Agents de sécurité du Québec était lancé.

Grâce à André, j'ai pu côtoyer les grands de ce monde dans le domaine de la sécurité. Un jour, il y a eu un colloque de la sécurité et de protection de la personne à Montréal. Organisé par le responsable de la sécurité de Desjardins, le colloque recevait des gardes du corps du *Secret Service* américain, des Britanniques, dont certains œuvraient à la protection de la reine, Tom Pattire qui a créé le CDT était aussi de la partie et j'en passe. Plusieurs ateliers étaient dispensés lors du colloque. Tout ce qui s'enseignait sur les ateliers par les plus grands noms étrangers était déjà connu de moi. André avait déjà intégré tout ça dans les cours qu'il dispensait. Mais le plus drôle était de voir que ce que lui enseignait, ces grands de la sécurité l'ignoraient et écoutaient André religieusement tout en prenant assidûment des notes.

Beaucoup de gens ne réalisent pas que le travail de garde du corps n'est pas un travail de gros bras, mais un travail de tête. Lors du colloque, il y avait un banquet. Le responsable de l'événement était une bonne connaissance à moi, depuis déjà un petit bout de temps. Il me dit qu'il s'était amusé durant le banquet. Comme la plupart des gens n'avaient aucune idée de l'ordre d'utilisation des ustensiles pour manger, il s'était amusé à attendre pour voir ce que les gens feraient. Cette petite anecdote illustre bien le travail de garde du corps professionnel. Les cours d'étiquettes et de protocoles faisaient partie du programme que le CFASQ offrait. Curieusement, ce cours était le moins populaire. Un garde du corps qui ne s'habille pas dans sa palette de couleur aura toujours un petit quelque chose qui lui manquera et ça l'empêchera de gravir les échelons. Tous ces petits détails qui différencient le gorille du spécialiste de la protection, André nous les avait placés en évidence.

> ***Il nous est même arrivé de commettre des simulations d'assassinats de personnalités dans l'enceinte d'un poste de police.***

Dans les cours de garde du corps que nous donnions, les niveaux deux et trois consistaient en des mises en situation d'un réalisme incroyable. Afin de mettre à l'épreuve les futurs gardes du corps, il n'y a rien que nous ne leur faisions pas comme mauvais coups. Aller piéger une limousine à 3 h du matin était chose tout à fait normale. Préparer un attentat avec un *sniper*, ou simplement mettre la police aux trousses du convoi, faisait partie des techniques que nous utilisions. Comme quelques corps policiers travaillaient volontiers de concert avec nous, il nous est même arrivé de faire des commettre des simulations d'assassinats de personnalités dans l'enceinte d'un poste de police. Attention, ça n'était que des entraînements, pas des assassinats réels. Mais dans la simulation, le principal était tué. Livreurs de restaurant achetés, simulation dans un aéroport (c'était avant le 11 septembre), filature du principal à faire cauchemarder ses gardes du corps, les mises en situation étaient d'un réalisme impitoyable. Lors d'un entraînement au parlement de Québec, le premier ministre arrive en même temps que nous. Ses gardes du corps n'y voient que du feu et on travaille de concert avec eux. Après tous ces entraînements, il était normal que ma vision du monde de la sécurité s'affine. Et curieusement, tout ceci est extraordinairement *ninja*.

Grâce à André, j'ai pu rencontrer à plusieurs reprises, des bonshommes comme Garry Cunnigham, qui a formé du SWAT à travers le monde, le genre d'homme qui partait en mission pour une semaine et qui revenait six mois plus tard. Il y avait aussi M. Noble, qui s'est occupé des enquêtes des attentats à Oklahoma City. Il y en a eu quelques autres, des gens qui avaient fait le

Vietnam pour certains. À un certain moment, M. Cunnigham décide d'aller se promener seul dans les rues de Montréal, vers 23 h. Un des responsables du colloque se prépare à l'arrêter, inquiet. Ceux qui le connaissaient partent à rire. S'il est attaqué par un groupe, c'est pour le groupe qu'il faut avoir peur. Comme j'avais la chance de pouvoir discuter avec ces gens-là et grâce à André, nous étions à la même table, ce qui m'a permis d'accroître ma compréhension du monde de la sécurité de façon significative.

André est ceinture noire en *jujitsu* et en *Daito ryu*. Il fait des arts martiaux depuis des années et est un excellent art martialiste. Lors d'un séminaire donné par un sixième *dan*, André était deuxième *dan*, l'instructeur le regarde et le met en charge de l'aider à enseigner aux quatrièmes *dan* et plus. André avait un dojo dans un collège de Montréal. Naturellement, j'ai été invité à enseigner un peu de *ninjutsu* à ses étudiants. J'y suis allé à quelques reprises avec quelques-uns de mes étudiants. Mon *kimono* avait un trou béant à un genou et un de mes élèves était en pantalon court. Quelques mois plus tard, lors d'un séminaire qu'il est venu donner à Québec, André parle de notre visite en des termes qui ressemblent à peu près à ça : « ces satanés ninjas-là, ça arrive chez nous en culottes courtes et ça nous vire dans nos bobettes ». En d'autres termes, André avait été impressionné par le *ninjutsu*.

Un jour, j'ai eu une idée de fou. J'ai organisé un séminaire conjoint avec Jack Hoban et André Trudel sur le travail de garde du corps. Jack n'avait jamais touché à ça auparavant, mais son sens du déplacement associé aux techniques d'André Trudel a donné naissance à une nouvelle façon de faire bouger un attaquant ou un principal lors d'un travail de protection. Jack Hoban était en admiration face à André Trudel. Deux anciens capitaines d'armée, un goût prononcé pour les arts martiaux, bref des conditions gagnantes évidentes en réunissant ces deux individus. Depuis ce temps Jack Hoban enseigne des techniques de sécurité.

Ma vision des arts martiaux face à la réalité de la rue ne serait pas la même si André ne s'était pas un jour retrouvé sur mon chemin. Il a une manière bien à lui de disséquer le réalisme d'une technique. Je lui ai volé un peu de cette façon de faire.

Des rencontres intéressantes

J'ai eu la chance de m'entraîner avec plusieurs professeurs et maîtres de différentes disciplines. Je ne peux écrire ces pages sans parler d'Alex, un ami assez particulier. Alex est ceinture noire dans plusieurs styles d'arts martiaux. Alex était un de ceux qui s'entraînaient dans notre petit groupe du centre Mgr Marcoux. C'est probablement l'un des arts martialistes qui possèdent le plus de formes sur la planète. De mémoire, il connaît plus de 240 formes dans différents styles. Je me souviens qu'à une certaine époque, des amis à lui sont partis s'entraîner en chine afin d'apprendre de nouveaux *katas* de kung-fu. À leur retour, tous heureux d'étaler leur nouveau savoir, ils montrèrent à Alex les *katas* qu'ils avaient appris. Dès qu'il a entendu le nom des *katas*, Alex s'est mis à faire ces nouvelles formes qu'ils avaient apprises à coût élevé.

J'ai eu longtemps en parallèle du *ninjutsu*, une école de *karaté*. J'avais une petite étudiante de 11 ans qui était très douée. J'ai demandé à Alex de lui pondre un *kata* d'arme (de mémoire, du *naginata*). À l'époque, il n'y avait pas de catégorie de *kata* armé pour les enfants, elle a donc participé avec les adultes. Elle a facilement remporté la première place grâce à son talent et à l'extraordinaire *kata* qu'Alex lui avait appris.

Alex est l'un de ceux qui m'ont appris à voir plus profondément dans les techniques. Un geste qui semblait dénué de sens dans un *kata* et il trouvait une application martiale logique et guerrière. Alex avait une autre particularité. Imaginez un bar plein de gens et placez Alex dans une pièce cachée au fond. Si quelqu'un entrait et cherchait la bagarre, il se dirigeait automatiquement vers Alex. Il ne cherchait jamais la bagarre, mais la bagarre le trouvait. Que ça soit à poings nus ou au couteau, Alex n'a pas eu le choix que de développer une bonne expertise du combat en situation réelle.

Il y a eu également Denys, un autre art martialiste tout aussi spécial qui s'entraînait avec nous les après-midis. Denys est un artiste dans tous les sens du terme. Peintre émérite, il manipulait les techniques avec autant de dextérité que ses pinceaux sur la toile. Il était ceinture noire en *judo* et en *jujitsu*. Un jour, pour entrer dans une fédération de jujitsu, un de ses anciens élèves devait inventer une nouvelle technique. Cet élève était un bon art martialiste, mais son côté créatif laissait à désirer. Il était venu voir Denys pour lui demander de l'aide. Denys a créé une technique qui a valu les honneurs de son élève.

Denys était bon dans une foule de domaines. Il excellait dans les projections. Mais ce que j'ai surtout retenu de lui, ce sont les étranglements. Il était particulièrement doué dans ce domaine. Denys s'est toujours montré d'une générosité incroyable à mon égard et je ne saurai jamais assez le remercier. Ensemble, nous avons eu de longues conversations philosophiques.

La spiritualité est omniprésente dans son art martial.

Un autre bonhomme extraordinaire avec lequel je me suis entraîné est Pierre Simard. J'en ai déjà parlé un peu. Pierre a créé le *Zanshindo*, formule qui a été reprise par la suite par d'autres personnes. Pierre a un sens inné du travail avec les énergies et de la canalisation de l'énergie (du *ki*) dans les techniques. Mélangez cette compréhension de l'énergie avec un sens de la pédagogie développée et vous obtenez un *aïkido* développé et pur, dans l'esprit que devait désirer Maître Ueshiba. Pierre est un docteur en théologie. La spiritualité est omniprésente dans son art martial, comme elle devrait l'être dans la plupart des arts martiaux. Inutile de dire le plaisir que j'ai eu de discuter autour d'un bon café avec mon ami Pierre.

Le seul point commun de chacune des trois personnes est que ce sont des personnes authentiques. Ils n'ont pas besoin de se donner un style ou de frimer de quelques façons que ce soit. Ce sont des gens simples, qui vivent leur art martial pleinement et qui surtout, ne ressentent pas le besoin de prouver leurs compétences à qui que ce soit. Ils sont excellents et les gens de qualités n'ont généralement pas le besoin de prouver quoi que ce soit. Nul doute que sans eux, je ne serais pas tout à fait la même personne que je suis et le même art martialiste.

Mon ami Alain

Il manquerait un gros morceau du puzzle si je ne parlais pas de mon ami et complice Alain Gauthier. Lui et moi avions été les seuls civils acceptés comme instructeur de points de pression policier au début des années 80. La connexion entre nous deux a été immédiate.

Alain est un art martialiste de haut niveau. Personnellement, je le considère comme étant l'un des meilleurs au Québec. Il est ceinture noire dans plusieurs styles, est un instructeur accomplis dans divers domaine de la sécurité comme le PR-24, le menottage, le bâton télescopique et j'en passe. Il a été mon instructeur dans plusieurs domaines. Alain fait partie de ce type d'individus qui est bon dans n'importe quel type d'art martial.

Nous avons fait un grand nombre de séminaires ensemble. À l'époque, le mot d'ordre était qu'un séminaire où l'on dort plus de 4 h n'est pas un bon séminaire. Nous avions besoin de temps pour discuter et échanger. S'il en est un qui partage la même philosophie martiale que moi, c'est bien lui. Alain a consacré la plus grande partie de sa vie à la compréhension du *budo*. Son expertise martiale s'est fait sentir très tôt dans le domaine de la sécurité. Concepteur au Québec du premier système de contrôle à bâton de poignée latérale, le domaine policier s'est très vite approprié ses techniques sans rien lui offrir en retour. Mais ça ne l'a pas empêché de continuer dans la mise au point de techniques pour le secteur de la sécurité.

Alain a cette capacité de voir ce qui ne fonctionne pas sur une technique. Il possède ce talent de décortiquer et de voir toutes les possibilités qu'elle peut offrir. Un homme simple, qui a un sens de l'humour incroyable. Ne nous demandez pas de nous entraîner ensemble sans faire quelques blagues, ce serait impossible.

Deux côtés d'une même pièce

Jack Hoban
Il serait impensable de ne pas parler de Jack Hoban et d'Arnaud Cousergue dans ces pages. Ma première rencontre avec Jack Hoban se fit au début des années 90. Nous sommes au festival de *ninjutsu* organisé par Stephen K. Hayes. À cette époque, Jack était déjà une légende. Il avait publié un ou deux livres sur le *ninjutsu* et il avait une bonne réputation. Le gros des activités avait lieu à l'extérieur. En se dirigeant vers le site, Francine vit Jack assis tout seul. Comme c'est souvent le cas avec les personnalités, personne n'osait aller lui parler. Ceux qui connaissent Francine ne seront pas étonnés qu'elle se soit écriée : « Eh ! c'est Jack Hoban, on va lui parler ! ». Tout de suite, le lien s'est créé. Ça ne faisait pas une minute que nous étions avec Jack, que déjà il nous montrait la photo de son tout dernier bébé. Jack c'est un peu ça, de la spontanéité, parfois juvénile. Il laisse parler facilement son cœur, ce qui ne veut pas dire qu'il ne peut être sérieux.

Jack est un ancien capitaine de la marine américaine. On ne peut complètement effacer son passé d'un simple revers de la main. Il est habitué de commander et il a parfois tendance à agir de la sorte. Mais ce petit côté contrôleur est maintenant presque complètement effacé. Jack est quelqu'un de chaleureux, de profondément humain, qui sera toujours là si un de ses étudiants a des problèmes. Il s'intéresse énormément à ce que font les gens. Son mentor en philosophie était Robert K. Humphrey. Il a d'ailleurs adopté le credo du guerrier de M. Humphrey, credo qui illustre bien sa philosophie face aux arts martiaux et à la vie : « Peu importe où je vais, tout le monde est un peu plus en sécurité parce que je suis là. Peu importe où je suis, toute personne dans le besoin a un ami. Chaque fois que je retourne à la maison, tout le monde est heureux que je sois là. »

> *Il y a un jeu de mots intéressant dans le nom de buyu, je vous laisse le trouver...*

Dans les dojos qui fonctionnent avec Jack, on retrouve cet esprit. Jack a créé le « Buyu », un groupe de pratiquants du *Bujinkan* qui partage la même passion et la même philosophie. Ce qui est particulier dans ce groupe, c'est de constater que jamais personne ne critique qui que ce soit. Les gens s'entraînent sans juger. On peut traduire le mot *Buyu* par frère d'entraînement. On peut également le traduire de plusieurs autres façons : compagnon, frère, mais aussi plus martialement par fait d'armes, courage, bravoure. Mais Jack a appris d'Hatsumi sensei qu'il y a un jeu de mots intéressant dans le nom de *buyu*, je vous laisse le trouver…

Lorsque j'ai fait mon test de 5e *dan*, le *saki* test, Jack m'a joué un tour à sa façon. J'étais troisième *dan* et l'idée de faire le *saki* test ne m'avait même pas effleuré l'esprit. Lors des tests, Hatsumi sensei demanda qui désirait passer son test. Jack se leva et me désigna en disant de sa voix de capitaine de marines : « Bernard, go ». C'est ainsi que j'ai fait mon test de 5e dan. À cette époque, c'était toujours Hatsumi sensei qui tenait le sabre.

Jack est assez particulier comme professeur. S'il voit qu'un étudiant fait la technique qu'il a enseignée de façon un peu différente et que c'est bon, il arrête tout le monde et demande à l'étudiant de montrer ce qu'il a fait afin que tout le monde puisse bénéficier de ce nouveau point. Durant une pause, je montrais du *kusari* à un ami américain et Jack ne connaissait pas cette technique. Au retour, j'ai eu droit à un « Bernard, teach ! ». Il a déjà fait ça avec Francine aussi sur du *kyoketsu shoge*. Bref, il n'hésite pas à mettre ses étudiants sur le devant de la scène, si ça peut permettre aux autres de trouver une amélioration.

Arnaud Cousergue

La première fois que j'ai rencontré Arnaud, c'était au Japon. Je discutais avec un de ses étudiants et Arnaud lança quelque chose qui n'était pas compatible avec ma tolérance. Ç'a été notre première prise de bec. Mais une prise de bec amicale, j'ai tout de suite aimé Arnaud. J'ai toujours aimé les gens qui étaient directs. À ce moment je n'avais aucune idée de qui il était.

De fil en aiguille, on a discuté de la possibilité d'un séminaire à Québec. Arnaud est venu à Québec en 2003. Ce fut un choc culturel pour mes étudiants. J'aime Arnaud parce qu'il est direct, mais il était peut-être un peu trop direct pour la mentalité québécoise de l'époque. Arnaud a une faculté incroyable d'adaptation. Dès le lendemain, sa façon d'enseigner avait changé. Depuis, Arnaud est venu plusieurs fois à Québec pour nous enseigner.

Arnaud est probablement le *shihan* Occidental le plus généreux du *Bujinkan*. Vous n'avez pas les notes des techniques, pas de problèmes, il vous donne tout ça. Il ne regarde pas, il donne sans retenue. Je pense qu'il n'y a pas beaucoup de gens dans le *Bujinkan* qui peuvent dire qu'ils ne doivent rien à Arnaud. À ma connaissance, il n'y a pas beaucoup de *shihans* qui n'ont pas comblé le vide de leurs notes de cours par une quelconque copie des notes d'Arnaud.

Arnaud est un chercheur. Il réussit à voir les liens entre les niveaux, entre les *ryus* et entre la transition des techniques à mains nues et des armes. Arnaud n'hésite pas à faire des interprétations personnelles des techniques. Il ne s'est jamais caché pour dire que telle méthode ou telle façon de faire est de son interprétation. Dès sa première visite à Québec, Arnaud nous a dit qu'il était comme un grand magasin, vous prenez ce qui fait votre affaire. Il suggère, mais n'oblige pas, ce qui est la marque d'un grand professeur.

Je pense que peu de shihan de son niveau auraient eu l'humilité d'endosser le costume sans faire aucun compromis.

Arnaud bouge bien, ses mouvements sont fluides et précis. Son sens du *timing* est excellent. Arnaud fait partie de cette catégorie de personne qui pourrait performer dans presque n'importe quel style d'art martial. J'ai eu la chance d'aller donner des séminaires de points de pression en France et Arnaud s'est montré un étudiant modèle. Il s'est impliqué à 100 % comme étudiant, ne refusant aucune douleur. Je pense que peu de *shihan* de son niveau auraient eu l'humilité d'endosser le costume sans faire aucun compromis. J'admire cette facette de lui.

Nous avons passé de longues heures à jaser d'arts martiaux et lorsqu'il venait à la maison, comme Arnaud et Francine sont des passionnés de littérature, les conversations se terminaient généralement très tard dans la nuit.

Deux facettes du *Bujinkan*

J'ai toujours pensé qu'Hatsumi sensei enseignait un peu différemment en Europe et en Amérique. J'ai toujours pensé que c'était volontaire de sa part de partager son enseignement d'une autre façon. En Europe son enseignement me semble plus cartésien comparativement à ce qu'il enseignait en Amérique où là, il était plus *feeling*, où il mettait davantage l'accent sur les principes que sur la technique elle-même.

Je pense qu'il a fait deux enseignements dans un but très simple, si vous voulez la totalité de l'art, vous devrez vous parler. L'Europe et l'Amérique semblent former deux clans distincts. À Québec, ville francophone, nous sommes ce petit village qui résiste toujours à l'envahisseur. Notre proximité des USA et les visites fréquentes d'Arnaud au Québec nous ont donné une perspective globale du *Bujinkan*. Cette position de recul et de connaissance des deux mondes nous donne une perspective nous permettant de voir cette petite différence. Lorsque je regarde Jack et Arnaud, je ne peux m'empêcher de constater comment ces deux bonshommes se ressemblent tout en étant différents. Mais je ne peux m'empêcher également de constater, comment ils se complètent à merveille.

Arnaud m'a déjà parlé de l'estime qu'il avait pour Jack et Jack m'avait encouragé à faire venir Arnaud à Québec, en disant que ça nous aiderait dans notre progression. Nul doute que sans Jack et Arnaud, je ne serais pas le même. Ils sont des pièces essentielles au puzzle qui a abouti à ma personnalité martiale présente. À tous les deux, un gros merci.

À la croisée des chemins

J'ai eu la chance par divers concours de circonstances de rencontrer et de discuter avec des maîtres d'arts martiaux de différents styles. Même si dans plusieurs cas ça n'a été que de courts instants, il reste toujours au fond de moi, une empreinte de ces brèves rencontres.

Je me suis souvenu d'un maître de kung-fu qui était assez particulier. Denis Shink, un bon ami à moi qui m'a déjà enseigné un peu de *kung-fu* et de *tai-chi*, recevait en visite son maître chinois, Sifu Ma Ping. Denis tenait à me le présenter et c'est ainsi qu'on a passé une journée ensemble, simplement à discuter sans faire aucune pratique martiale. Rencontrer un maître dans ces conditions, nous permet de découvrir l'homme comme on ne pourrait le faire sur un *tatami*.

Sifu Ma ping était de cette époque où à Hong Kong, il était courant qu'un enseignant d'une autre école entre dans votre dojo pour vous défier au combat. Son corps était plein de cicatrices de couteau, révélant ainsi la férocité des combats qui s'y déroulait parfois. Ce qui m'a surpris le plus venant de cet homme qui avait une somme de connaissance martiale incroyable, c'était sa simplicité. Il ne se servait pas de sa qualité de maître pour s'affirmer, mais de sa capacité à être un humain simple, mais d'une grande profondeur.

Un jour, j'ai été invité à participer à un séminaire donné par maître Kanazawa, un adepte de *shotokan*. Je savais que les Asiatiques ont tendance à enseigner parfois différemment aux Occidentaux et j'ai eu l'occasion de vérifier ce fait durant ce séminaire. Le séminaire se donnait à Lévis, dans le gymnase d'une école polyvalente. Je connaissais bien la bâtisse pour avoir été à cette école durant ma jeunesse. Je pris donc un raccourci pour aller au gymnase. Devant cette porte il n'y avait aucune ceinture noire pour faire la sécurité. Après être entrés dans le gymnase par cette porte, disons dérobée, moi et un ami avons aperçu maître Kanazawa qui se réchauffait seul en faisant des *side kick « yoko geri »*. Un ami qui avait été au Japon avait eu comme confidence d'un japonais, cette divergence d'entraînement dont j'ai déjà parlé. Ses coups de pieds n'étaient pas faits comme on nous les montre à nous les Occidentaux. Les coups de pieds latéraux, à la manière occidentale, peuvent endommager le bas du dos à long terme. Ses coups à lui étaient complètement différents, beaucoup plus fluides, donc beaucoup moins dommageables pour le dos. Après une minute ou deux, il s'est aperçu de notre présence, ses coups de pieds sont retombés en mode occidental.

Par politesse, nous sommes sortis du gymnase et sommes revenus par l'entrée principale en même temps que les autres. Il était facile de voir que nous étions deux moutons noirs dans le troupeau. Le maître démontrait ses techniques de façon rigide avec les gens de *shotokan*. Mais lorsqu'il venait nous voir, il avait la gentillesse d'adapter les techniques et souvent de rajouter des mouvements ou techniques qu'il ne montrait pas aux autres. Je ne sais trop pourquoi, mais j'ai eu l'impression qu'il nous avait pris en affection. J'avais déjà fait du *shotokan* à mes débuts, mais ma façon de bouger n'était plus du tout *shotokan*. En ajoutant ce petit quelque chose pour nous, il nous démontrait que le *shotokan* n'était pas aussi linéaire qu'il n'y paraît à première vue. Les techniques ont de la profondeur et peuvent s'adapter de manière intéressante. J'ai trouvé maître Kanazawa particulièrement intéressant comme individu et comme art martialiste.

Ce gars-là ne pouvait pas participer à une compétition de style « blood sport », il aurait été un assassin.

Dans la vie, on peut parfois être à la mauvaise place au mauvais moment. En ce qui me concerne, j'ai souvent été à la bonne place au bon moment. Un jour que j'étais aux USA, il y avait dans un centre de congrès une démonstration de quelques arts martiaux. Ce n'était pas un spectacle avec foule assise autour de la scène, c'était plutôt dans un coin de la salle et peu de gens semblaient être intéressés par la démonstration. La démonstration durait tout au plus 20 minutes et il y avait plusieurs arts martialistes. Le président de la Corée (du sud, j'imagine) se trouvait aux USA à ce moment-là. La démonstration était donnée par un de ses gardes du corps. Il nous démontrait du *tae kwon do*, mais pas un *tae kwon do* d'aucune des deux fédérations que l'on est habitué de voir. Un *tae kwon do* différent, dénué des mouvements de compétitions qui caractérisent ce style. Le gars en question était une machine de guerre à lui tout seul. Oubliez les coups de pieds plus hauts que la ceinture. Sa vitesse d'exécution, sa précision de mouvement, la logique des enchaînements, les *kyushos* visés, n'avaient plus rien à voir avec un sport de combat. Ce gars-là ne pouvait pas participer à une compétition de style «*blood sport*», il aurait été un assassin. Ça fait du bien de voir un gars comme ça de temps à autre. Notre égo a parfois besoin de telles situations pour garder de justes proportions. Un art martialiste honnête qui voit un gars bouger de la façon qu'il le faisait n'aura probablement jamais le goût d'aller dire qu'il peut battre n'importe qui.

Des rencontres toutes simples

Il arrive parfois qu'une simple conversation amène son lot de réflexion. Beaucoup d'Occidentaux ne feront jamais l'effort de s'adresser à un japonais s'il n'en retire pas un bénéfice stratégique quelconque. Si le japonais en question est quelqu'un qui n'est pas connu ou ne peut rien apporter dans la progression des échelons du dojo, probablement qu'il demeurera seul dans son coin. C'est ce qui est arrivé un jour lors d'une classe au Japon. Un japonais que je n'avais jamais vu était seul dans son coin. Avec Francine, nous sommes allés lui parler. Il semblait bien heureux d'avoir un peu de conversation même si ma maîtrise du japonais laissait à désirer. Après la classe, nous sommes allés le saluer. Au moment de partir, il nous a demandé d'attendre. Il avait sorti un tissu de velours de son sac. En dépliant le tissu, il nous montra une pièce métallique que je ne connaissais pas. Il nous expliqua que c'était un *koban*, une pièce de monnaie ancienne. Au moment de lui rendre la pièce, il la repoussa dans ma direction. Il nous l'offrait en cadeau, sa façon de nous remercier de nous être intéressés à lui. Je ne l'ai jamais revu.

Une rencontre dans le train
Un soir sur le quai de la gare, un japonais dans la cinquantaine essaie d'attirer l'attention des Occidentaux présents. La plupart se dépêchaient de lui tourner le dos. Je regarde l'homme et me dit alors : « pourquoi pas ? ». Généralement, les Japonais de cet âge qui cherche la conversation ont pris un verre ou deux de trop. Mais cette fois-ci, ce n'était pas le cas. L'homme était une ceinture noire de *kendo* et savait que nous arrivions du dojo d'Hatsumi sensei. Il désirait discuter de la vision des arts martiaux qu'ont les Occidentaux. Le retour à Kashiwa a été très agréable. Ça m'a permis de comprendre un peu mieux le point de vue des Japonais en ce qui concerne les arts martiaux en général.

Tout ça pour dire que vous devez rester ouverts et qui sait, peut-être ferez-vous vous aussi de ces rencontres qui vous feront grandir ?

Ici ça devrait être la fin, mais je ne peux écrire ce mot, car comme la vie le *budo* est sans fin.

GAMBATTE

Remerciements

Il en est passé de l'eau sous les ponts depuis le moment où ce livre a été imprimé et celui où sa rédaction a débuté. Les premiers jets ont eu lieu en 1995. Comme moi, il a évolué au fil des années. Pourquoi avoir attendu si longtemps ? Parce que, dans un premier temps, je n'étais jamais satisfait, et qu'en second lieu, mes connaissances martiales évoluaient. En écrivant les Caprices du Budo, j'ai compris qu'un livre n'est jamais terminé. Mais, un jour ou l'autre, il faut savoir s'arrêter et prendre la décision. Ça y est, la décision est prise, je cesse de faire les mises à jour... pour l'instant.

Je tiens à remercier tous les professeurs et amis que j'ai côtoyés à travers toutes ces années ainsi que tous mes étudiants qui m'ont fait confiance au cours des ans. Je veux remercier Hatsumi sensei et les *shihan* Japonais qui se sont montrés si généreux envers tous les non-Japonais qui leur rendent visite. Un merci spécial à Oguri sensei, avec lequel j'ai eu de longues conversations martiales et de passionnantes discussions sur la vie.

Vie de couple et arts martiaux peuvent parfois coexister avec difficulté pour plusieurs. Pour moi, ce n'est pas le cas. J'ai une compagne merveilleuse qui non seulement m'encourage pour continuer, mais en plus me pousse dans le dos pour que j'en fasse encore plus. Mes voyages au Japon demandent d'énormes ressources financières. Notre salle de bain avait besoin d'importantes rénovations. Un jour, j'ai suggéré de sauter l'un de mes voyages pour avoir l'argent nécessaire pour les travaux de réfection. J'ai eu droit à une réponse style : « Quoi, tu n'y penses pas ! Pas question que tu manques un voyage aussi important. » Elle pratique aussi les arts martiaux avec moi. Je souhaite à tous les vrais mordus du budo de trouver une compagne aussi compréhensive. Merci Francine.

Un merci à deux de mes amis qui m'ont accordé beaucoup de leur temps au fil de mes publications. À Éric Pronovost qui a la tâche de la correction et à Frédéric Simard qui s'occupe de l'édition, de la jaquette et de tout ce qui touche la production de l'ouvrage.

Un merci spécial à mes étudiants qui ont accepté de se laisser prendre en photo pour la cause. Évelyne Dubuc Dumas, Guillaume Durand, Olivier Maillette et mon bon ami Steve Plante.

Finalement, un merci à vous qui avez eu la patience de vous rendre jusqu'à cette dernière ligne.

Bernard

Du même auteur

Le clan des Millepertuis

Le clan des Millepertuis est un roman jeunesse basé sur la philosophie du guerrier et des arts martiaux. Cette histoire présente un jeune à la recherche de son identité. Se promenant de maison d'hébergement en centre d'hébergement, Nathan Bowman sera recruté par une organisation obscure qui a pour tâche de former des guerriers. Séparé en bas âge de sa mère, il se donnera pour mission de la retrouver.

Au fil du récit, le lecteur se familiarise avec la pensée guerrière et aborde plusieurs facettes de la philosophie du guerrier. Un livre qui offre des redécouvertes à chaque relecture.

www.clanmillepertuis.org

Gestion de la sécurité dans les évènements spéciaux

Que ce soit pour gérer la sécurité d'une foule de mille, dix mille ou cent mille personnes, il y a des principes et des règles à respecter. Ce livre s'adresse aux professionnels de la sécurité. Il intéressera autant l'agent sur le terrain que les responsables qui doivent superviser la sécurité des foules lors de divers évènements. La logistique de tels rassemblements ne s'improvise pas. Ayant eu à gérer des foules jusqu'à 70 000 personnes, Bernard Grégoire est un spécialiste de ce type de gestion. Dans ce livre, il partage avec les lecteurs une partie de ces connaissances.

Dans le domaine de la sécurité, il suffit parfois d'une seule erreur pour perdre sa réputation. Ce manuel est un outil indispensable pour éviter l'irréparable.

Dix années de blogues

Depuis dix ans, je tiens un blogue couvrant diverses facettes des arts martiaux. Cet ouvrage regroupe les principaux textes qui ont été publiés jusqu'à présent sur divers sites internet.

Vous y trouverez non seulement de l'information technique concernant les points les plus importants du taijutsu, mais également de nombreux sujets de réflexion sur le budo. Cet ouvrage s'adresse à tous les pratiquants d'arts martiaux, sans égard au style qu'ils pratiquent. Vous y trouverez certainement des pistes de réflexion susceptibles de vous aider dans votre cheminement martial.

Toute copie ou reproduction partielle ou totale est
strictement interdite sans la permission de l'auteur.

Dépot légal – Bibliothèque et Archives nationales du Québec, 2014

www.ingramcontent.com/pod-product-compliance
Lightning Source LLC
Chambersburg PA
CBHW071708160426
43195CB00012B/1615